中国広西壮族
歌垣調査記録

手塚恵子

大修館書店

はじめに

　詩における定型とは音数律や韻律をさだめる約束事であり、その方法である。しかし日本の文化のなかで育ったわたしたちは、定型が言葉を構築する方法以上のものであることを知っている。短歌があるからである。
　承知の通り、短歌は膨大な数の作品を持っている。とはいえ、短歌がわたしたちのこころを捉えて放さないのは、必ずしもそれらが多くの優れた作品を持つからではない。
　短歌がわたしたちを捉えるのは、言葉にならない言葉を掬い取るのに、それが適切な様式であるからだと思う。わたしたちの心の澱やしこりをはき出す行為が、「五、七、五、七、七」の音数律を選びとるといってもよい。
　短歌は日本の固有の文化である。しかし短詩型定型詩と心の結びつきそれ自体は、日本文化だけが持つものではあるまい。本書は、わたしたちが短歌に抱く感情にきわめて近いものをその短詩型定型詩にいだく、中国の壯（チワン）族の掛け歌についてのべたものである。
　壯族の住む広西（広西壯族自治区）は、その別名を「歌海」ともいう。その名は自治区の主要な構成メンバーである壯族が歌を愛しまた歌に優れ、その歌声が山川に満ちる有り様に由来している。
　壯族の短詩型定型詩もまた彼らの心をしっかりと捉えている。私のインフォーマントのひとりは彼の家が洪水で流されようとしているとき、荷物を取り出すことも逃げ出すこともしないで、その家に向かって歌をつくりうたいつづけた。
　むろん日本の短歌と中国の壯族の短詩型定型詩を、同一の次元で論じることはできない。短歌はその音数律が成立した時点から書き言葉で表出されるものであったのにたいして、壯族の定型詩はいまだ口承の世界で歌の掛け合いによって表出されるものであるからである。
　しかしわたしたちと同じように、その心の澱やしこりをはき出す行為を短詩型定型詩にゆだねる人々が、どのような形で詩との関係を結んでいるかをみてみることは、わたしたちと短歌の関係をあざやかに照らし出すために、有益な寄り道であろうと思う。

私は1986年に、南寧市にある広西民族学院に留学するために、初めて広西壮族自治区に足を踏み入れた。南中国の口承文芸について学びたいという茫漠とした目標はあったが、それが壮族である必然性はなかった。留学先を広西に決めたのは、留学のための資料請求を広西民族学院にしたところ、早々に入学許可の書類が届いたからである。

　その少し以前、日本では日本文化の源流を求めるという潮流があった。照葉樹林文化論がもてはやされた時期でもあった。照葉樹林帯に共通する文化要素として、口承文芸の分野では歌の掛け合いが注目された。日本の古代にあったという歌垣の風習が南中国の少数民族のなかでは現在も行われているらしいという情報は、民族学者だけではなく、日本文学の研究者の心をつかんだようで、雲・貴高原一帯は一気に注目された。

　そのような事情で私が中国に留学する以前にも、歌の掛け合いについてあるいはそれにともなう歌謡について、調査研究を行った研究者は少なからず存在した。しかし私にはそれらの研究にたいして、物足りなく思うところがあった。それらの多くは歌の掛け合いの場の簡単なスケッチや、中国語訳からの重訳による歌の内容紹介に終始していたからである。

　中国の報告書や研究書をみているかぎり、南中国の掛け歌の多くは短詩型定型詩のようだった。しかしそこでも短詩型定型詩の特徴に即した研究は見られないように思えた。韻律を論じるものを除いては、何が表現されているかについての議論はあっても、どのように表現されているかについての議論はごくわずかだった。

　短詩型定型詩はそれで表出することに第一義的な意義がある表現様式である。そこではたとえ凡庸な言葉でさえ、それで表現された途端になにかしら心に触れるものに変容してしまう。

　そのようなものであるとしたら、短詩型定型詩の表現された内容についてあれこれ論じても、この定型詩が他の表現形式に優越する所以はわからないだろう。それを論じるのに必要なのは、詩の内部ではその定型を支えている比喩と音数律のありかたであり、詩の外部では地域の人々とそれとの関わり合い方である。そのためには、歌の掛け合いにとどまらない、幅広い領域にわたる調査と原語表記によるテキスト作成が必要であった。

留学期間も後半に入り、修了論文のための調査地を決めることになった。民族学院ではいくつかの地点を候補にあげ、私に行ってみるように勧めてくれた。教員に伴われて広西壮族自治区のあちこちに行ってみたが、あまり気乗りがしなかった。私が気落ちしているのを見かねて、指導教員が追加で武鳴県に連れて行ってくれた。

　武鳴県は南寧市に隣接する県で、現代壮語の標準語が話されているところである。また首府南寧市を訪問した外国人に、壮族の農村文化を見学させる場でもあった。私が武鳴県を調査地にしたいというと、みな一様に困惑した様子をみせた。広西にやってくる外国人研究者の多くは、旅行者の行くことができない、未開放地域に行くことを強く望んだ。私の選んだ武鳴県は秘境にはほど遠かった。

　私には武鳴県でならねばならない理由があった。掛け歌を原語で表記したテキストを作成するという目標があったからである。壮族にはアルファベット表記の書き言葉がある。この書き言葉は欠点も多いが、中国で作られた他の民族のアルファベットによる表記文字に比べて抜きんでて優れている。しかし残念なことに、壮語は方言差が極めて大きい。表音文字であるアルファベット表記の書き言葉がその実力を発揮できるのは、標準音地域の武鳴県以外にはない。また武鳴県には民国期に言語学者によって作成された、国際音声記号による歌謡テキストが残されていることも魅力的だった。

　さらに当時ならではの切実な事情もあった。中国では調査にともなって煩雑な手続きが必要である。宿泊を伴う場合は特にそうである。武鳴県は私の宿舎から、右回りにバスで90分、左回りに自転車で2時間の距離にあった。武鳴県なら私の行きたいときに行きたいだけ、しかも一人で行くことができた。

　幸いなことに、武鳴県は南寧市の郊外にもかかわらず、歌の文化は豊かだった。1993年に再び留学することになった時には、武鳴県にある壮文学校を留学先に選んだ。地域の人々と歌の掛け合いの関係についての調査は一段落していたので、今度こそ壮語表記による歌のテキストを作成しようと考えていた。調査地の人々が何気なく口にする歌は、例外なく高度な比喩表現を持っていたので、何がどのように表現されているかを、外部の者である私が理解することは、きわめて困難だった。こればかりは自分一人ではどうにもならない、愛情と忍耐のある協力者が必要だった。幸い歌い手のネットワークのなかで、強力

な協力者に出会うことができた。また謹厳な言語学者の助力を得ることもできた。

　本書で用いた資料は、このような経緯を経て形で得ることができたものである。広西壮族自治区には、暮らした3年間を除いて、ほぼ毎年40日を過ごしてきた。調査は遅々として進まなかったが、そのぶん、15年にわたって、定点観測をつづけることができた。現在武鳴県の歌の掛け合いは、存続するか否かの分岐点にある。存続するとすれば、それは書き言葉によるのもの（日本における短歌のようなもの）となるしかないというのが私の予測であるが、今後どのような展開をとるか見届けていきたい。

目　次

はじめに i

1 **土地の歌** 3
　土地の歌　4　　思想・知識の受容とコミュニケーションのスタイル　5

2 **壮族とその社会** 9
　土語を話す漢族　10　　広西壮族自治区　12　　武鳴県　12　　分析の視点　12
　父系出自集団　15　　定期市のしくみ　16　　羅波の定期市　18
　陸幹の定期市　22　　塩とタバコ　26　　市場共同体としての東部地域　27
　言葉と文化　27　　話し言葉としての壮語　28　　書き言葉としての壮語　29
　壮語の概説　31

3 **フォン** 39
　うたうということ　40　　フォンとコ　40　　テキストのなかのフォン　41
　旋律のなかのフォン　43　　暮らしのなかのフォン　47　　結婚式　48
　単姓村の場合　48　　複姓村の場合　50　　死者儀礼　52　　単姓村の場合　52
　複姓村の場合　54　　歌掛け祭　56　　フォンを掛け合う人々　59
　フォンの掛け合いとその規範　60　　武鳴県東部地域の婚姻　60
　韋抜群にみえたもの　64

4 **フォンを理解するということ** 69
　テキスト作成の経緯　70　　ふたつの解釈　71　　分別　74

5 **歌掛け祭とその風土** 79
　漢籍に見る壮族の掛け歌　80　　同時代の資料に見る壮族の掛け歌　80
　歌掛け祭の季節　80　　旧暦三月　81　　歌掛け祭を行う村　84
　水辺に位置する村　84　　龍神の潜む淵　86　　雨見の丘　88
　雷王の宿る丘　89　　風土と伝説　90

6 **掛け歌における振る舞い** 93
   男女の距離 94　　掛け合いのかたち 98　　基本のフォン 96
   フォン・ラージャオ 99　　掛け合いの手順 103

7 **フォンを聞く** 105
   ノートから 106

8 **春の歌（歌掛け祭のフォン）** 113
   春の歌 116

   おわりに 245

中国広西壮族歌垣調査記録

1
土地の歌

龍眼を収穫する人々

土地の歌

　韋抜群[1]は広西省の片田舎に住む、開明的な青年であった。彼は袁世凱討伐軍[2]に参加したのち貴州省や四川省に遊学し、1921年に故郷の東蘭県武篆郷に帰ってきた。彼は遊学中に新しい政治思潮に触れ、平等で民主的な社会を故郷に実現したいと考えていた。(陸秀祥 1986：4)

　韋抜群は遊学先の生活の経験から、民主的な社会を達成するためには住民の文化的なレベルを引き上げることが不可欠であることを学んでいた。彼は文化的な生活を武篆郷の人達にもさせようと、遊学先で習い覚えた歌謡を広めようとしたりしたが、だれにも振り向かれなかった。それどころか「土地の歌でも歌え」と非難されるありさまであった。

　この言葉は韋抜群を深く傷つけた。手垢にまみれた「土地の歌」は古い政治体制を彷彿させた。彼には、新しい歌を拒否することが、新しい政治思潮を拒否することと同じように思えたのであった。半ば自棄になって彼は「土地の歌」の旋律を用いて、武篆郷の有力者達を批判する歌を歌った。すると人々は喜んでこれを受け入れ、自らもこれに類した歌を歌うようになった。

　その後、韋抜群は武篆郷で農民運動講習所を開いたが、彼の講習所の学員はその運動の理論を「土地の歌」に編み直すように求められた。彼はさらに武篆郷の歌上手を招き、学員の作った歌を批評してもらうとともに、彼らと歌の掛け合いをするように求めた。このようにして多数の歌が作られたが、韋抜群はそのなかから出来の良いものを選んで、定期市で歌うようになった。彼の歌は人々の間で好評を得、彼の歌をまねて歌を作り、歌を掛け合うことが流行するようになった。(Se Fuminz 1984：58-68)

　一方当時の為政者である国民党の政権は彼を敵視したが、彼を中心とする東蘭県の農民運動を鎮圧することはできなかった。劉錫蕃は韋抜群の周りに人々が結集していく様を次のように記述している。

　「韋抜群は乱を起こすに当たり、一種の歌謡を利用して民衆を麻酔させた。広西の田南道と鎮南道は彼の手に落ちてしまった。」(劉錫蕃 1934：156)

　潘寿南は40年来、田東県の広報課の職員であった。彼の仕事は県政府の政策を農民に伝え、協力を取り付けることであった。田東県の農民の識字力は低く、文書による伝達は望めなかったので、潘寿南は農民を招集し、彼の話を聴いてもらうという方法を取ることにした。しかし農民は気まぐれで、思うよう

に集まってくれなかった。たとえ集まったとしても、彼らは潘寿南の話を飽き飽きとした様子で聞き、したがって話の内容を少しも記憶していなかった。

潘寿南は思案した挙げ句、彼の伝えたいことを田東県の「土地の歌」の旋律に載せてうたうことにした。すると農民は熱心に彼の歌に聞き入り、帰宅すると潘寿南の歌った歌を復唱して近隣の人々に聴かせた。さらに驚いたことに、彼らは潘寿南の歌に自らの解釈を付け加えて、うたいさえしたのである。

思想・知識の受容とコミュニケーションのスタイル

韋抜群や潘寿南は、それまでその地域社会には見られなかった新しい知識や考え方を人々に理解してもらう必要にせまられていた。富を地主だけが占有するのは不合理だ、生産性を高めなければ家庭も地域社会もたちゆかない、ということを人に伝えるのに最も効果的な方法は、言葉を使うことである。言葉が新しい情報を伝達する能力に秀でていることは、誰もが認めるところである。

潘寿南は人々に向かって農作業にも創意工夫が必要だと話しかけた。しかし人々は彼の話を聞き終えないうちに拒絶し、あるいは理解しようという意志を持たずに聞き流してしまった。送り手が受け手に向けて差し出した言葉は受け手に受け取られることなく宙に舞ってしまったのである。言葉がいかに新しい情報を伝える能力に優れていたとしても、受け手に受け取られなければ、その能力を発揮することはできない。

一方、潘寿南が人々に向かって農作業にも創意工夫が必要だとうたいかけると、人々は農作業のなかの創意工夫という事柄に耳を傾け始めた。受け手は送り手の言葉をしっかりと受け取ったのだ。

人と人が向かい合っておこなうコミュニケーションとは、送り手がメッセージを受け手に伝達することではない。それは送り手と受け手が相互に作り出す共有関係のなかでおこる相互作用である。(ゴッフマン 1980)

韋抜群や潘寿南の用いた「歌をうたう」「話す」というコミュニケーションのスタイルは、聞き手によってそのメッセージが聞き終えられないうちに、拒絶されている。これらのスタイルは送り手と受け手の間に共有関係を作ることに失敗したのだといえよう。一方、韋抜群や潘寿南が用いた「土地の歌をうたう」というコミュニケーションのスタイルは、人々に拒否されなかった。ここでは、送り手と受け手の間に共有関係を作ることに成功し、言葉による新しい

情報の伝達がおこなわれたとみなせるだろう。

　北村（北村 1984：46）はコミュニケーションの問題で最も重要なのは、コミュニケーションするつもりがない相手とはコミュニケーションすることはできないという認識であり、コミュニケーションが成立するためには、聞き手に「あやまりなく」反応するという協調的な準備状態「身構え」が必要であると指摘している。

　韋抜群や潘寿南のエピソードは、「話す」「歌をうたう」というコミュニケーションのスタイルでは、聞き手に「身構え」を準備させることができなかったことを、またその一方で、「土地の歌をうたう」というコミュニケーションのスタイルが、聞き手に「身構え」を準備させることができたことを示している。

　コミュニケーションのスタイルは、コミュニケーションの成立に深く関与している。韋抜群や潘寿南はそのことを経験から学び、それを意識的に用いることによって、彼らの目的を達したのだといえよう。

　それでは「土地の歌をうたう」というコミュニケーションのスタイルは、どのような理由から、人々のコミュニケーションしようという気持ちを引き出すことができたのだろうか。私の調査地である広西壮族自治区武鳴県の事例をもとに検討してみよう。

注
1) 韋抜群　1893年～1932年。広西壮族自治区東蘭県に生まれる。貴州省、四川省に遊学の後、1921年東蘭県に改造東蘭同志会を結成。再び各地遊学の後、東蘭県に1925年農民運動講習所を設置。この頃共産党に入党する。1929年鄧小平を指導者とする共産党革命「百色起義」に参加し、大きな功績をあげる。1932年国民党政権の弾圧により死去。
2) 袁世凱 1859年～1916年。1897年直隷按察使となり、北洋新軍の基礎を築く。1900年義和団を鎮圧。1904年直隷総督、北洋大臣、督弁政務大臣となり、北洋新軍を増強する。失脚の後、内閣総理大臣となる。清朝の皇帝に退位を迫る一方、革命派と結び、臨時大総統となるが、すぐに臨時約法を無視し、革命派（国民党）を弾圧する。1913年国民党系の南方諸省都督の兵力を背景に再び革命派の動きが活発になったが、北洋軍によってこれを抑圧し、1913年大総統に就任。1914年には新約法を発布し、独裁政治を確立した。さらに帝政を復活して自らが帝位につくことを画策するが、列強各国の反対と雲南省の独立に端を発した、帝政反対臨時約法援護の運動により、挫折のうちに病死。韋抜群の参加した討伐軍と

は、帝政反対臨時約法援護派によるものである。

文　献

陸秀祥編
　1986『東蘭農民運動』　広西民族出版社。

Se Fuminz
　1984 *VEIZ BAZGINZ*　広西民族出版社。

劉錫蕃
　1934『嶺表紀蠻』　商務印書館（但し筆者が使用したのは原本を復刻した広西壮族自治区博物館復刻版である）。

ゴッフマン，E.
　1980『集まりの構造』丸木恵祐、本名信行訳　誠信書房。

北村光二
　1983「コミュニケーションとはなにか」『季刊人類学』19巻1号。

2
壮族とその社会

仔豚出荷用の籠をつくる職人

土語を話す漢族

　壮族の人口は約1,556万人（1990年度、国家統計局人口統計司他編　1994）である。これは中華人民共和国の少数民族の中で、最も大きな数である。壮族の全人口の90パーセントは、広西壮族自治区の中に居住しているが、その他に雲南省に約101万人、広東省に約15万人が居住している。

　人口の大きさでは中国屈指の壮族であるが、中国の他の少数民族、例えばチベット族やウイグル族に比べると、存在感がないのは否めない。とりわけ中国国外では、その認知度はきわめて低い。

　正確に言えば、壮族は中華人民共和国成立後に、政治主導的に「発見」された民族である。それ以前には、現在の壮族に相当するような民族集団は、歴史を通じて存在しなかった。むろんそれ以前にも、人々はその地で生活を営んでいた。しかし後に壮族となる人々の多くは、自分たちのことを「土語を話す漢族」だと見なしていたのである。

　もっとも彼らの周囲にいる漢族は、彼らのことを、自分たちと全く同じ民族だと認めていたわけではなかった。しかしまたこれらの漢族は、彼らのことを、例えばヤオ族と同じような類の少数民族であるともみなしていなかったようである。

　後の壮族が自分たちは漢族だと主張していた根拠は、それぞれの父系出自集団が持つ移住伝説である。彼らは2、3の家系を除いて、ほぼ全てが移住伝説を持つが、その多くが彼らの故地を、山東省、浙江省、福建省など、広西の外の漢族の居住地においている。伝説は、彼らは兵役によって故地から広西に派遣され、後に広西に定住するようになったと伝えている。

　壮族の移住伝説の真偽は、現在のところ定かではない。移住伝説は、貴州・湖南・湖北周辺に関しては、ある程度史実を反映しているという見方（塚田 2000a、2000b）と、移住伝説は真実ではなく、漢族との緊張関係の中で、自己のアイデンティティを確立するために作り上げた物語であるという見方（松本 1987、1990）がある。

　一方、周囲の漢族が後の壮族にたいして、他の少数民族とは一線を画する認識を持っていたのは、漢族と壮族の相互交渉の深さにあったようである。

　明の時代、中央政府は辺境を治めるために、非漢族の土地の有力者を土官に任命し間接統治を行ったが、広西の場合、土官には後の壮族が任命されること

が多かった。土官は王朝の権威を背景に領内を治め、徴収を代行した。また中央政府と激しく対立していたヤオ族を鎮圧することも、土官の重要な任務とされた。

　清朝になると、中央政府は政策を転換し、土官ではなく漢族の官僚を派遣し、直接統治を行った。これにともなって、明代を通じて進んでいた漢族の広西への移住が加速し、これに対応して、後の壮族の多くが漢族の小作農となった。

　明・清時代を通じて、後の壮族は漢族の生活様式を取り入れることに、積極的であった。はじめは中央の権威に自己を繋げるものとしてそれを模倣し、後には漢族の間にあって、その圧力をはねのけ同じ土俵で闘うために、欠くことができないものとして、それを受容した。(塚田 2000 a、b　菊池 2001)

　壮族は、居住や冠婚葬祭、衣服の様式を変容させるとともに、科挙に挑み始めた。富裕な父系出自集団では、学舎を整備し子弟に書を学習させた。漢族に比べれば合格の可能性は低いものの、秀才となるのは夢物語ではなく、実現可能な努力目標となった。

　王朝時代、中国では、漢族と非漢族を隔てるものは、出自ではなく文化であった。漢字を識り、中国古典の教養を尊び、それに基づいた生活様式を持つ者が「華」であり、そうでない者が「夷」であった。もとは「夷」に属する者でも、それらを習得したと見なせば、漢族はそれを「華」として、受け入れることもあった。(橋本・鈴木 1983　竹村 1983)

　父系出自集団の戦略として、科挙受験をも射程に入れ始めた人々を、他の少数民族と同様の「夷」として見なすことは、後の壮族の周囲にいた漢族にも、ためらいがあったにちがいない。

　中華人民共和国成立後、言語学者や民族学者によって、言語や父系出自集団の系譜、風俗習慣について調査が行われ、それを判断材料として自称の異なる 20 以上の集団がひとつの民族集団として、壮族に画定された。

　1958 年に壮族自治区が成立すると、壮族に民族のアイデンティティを確立させるために、民族文字教育運動に力が注がれ、それは断続的に 1996 年まで継続された。

広西壮族自治区

　広西壮族自治区は中華人民共和国の西南部に位置し、その東南部を広東省に、北部・西北部を雲南省・貴州省に、東北部を湖南省に接し、さらに西南部でベトナム民主主義共和国と国境を接している。面積は23万6,200平方キロメートルで、中華人民共和国の全面積の2.46パーセントを占めている。自治区の首府の南寧市は、古くから軍事と交通の要地として栄え、現在ではベトナムとの交流の拠点となっている。

　人口は4,328万人（1992）で、自治区は漢族、壮（チワン）族・ヤオ族・ミャオ族・トン族・モーラオ族・マオナン族・キン族・イ族・スイ族・コーラオ族・回族の12の民族から構成されている。人口に占める漢族の割合は約60パーセントで、自治区の東部、東南部、南部に集中して居住している。漢族に次ぐ人口を持つのが壮族で、人口の38パーセントを占めている。漢族以外の諸民族は、主に自治区の中部、西部、西北部、西南部に居住している。

武鳴県

　武鳴県は広西壮族自治区の首府南寧市の北側に隣接する。人口は616,121人（1990年、中国社会科学院民族研究所 1999）で、主要な民族は、壮族である。壮族に次いで多いのが漢族であるが、漢族の多くが県や郷の新旧の中心地、あるいは帰国華僑のために用意された定住地である華僑農場に集中して居住しているため、その他の地域は概ね壮族の村落となっている[1]。

　武鳴県には北回帰線が通っており、気候は亜熱帯性である。農村部では、水稲耕作を主体とした農業を営んでいる。稲作は中華人民共和国が成立するまでは一期作であったが、現在は二期作である。この他に商品作物として葉タバコや果実を栽培し、家畜を飼育している。

分析の視点

　中国社会を対象とする人類学研究は、一調査者が参与観察によって精査できる地域的小単位についてのコミュニティ・スタディではなく、市場システムの分析やリニージの分析にみられるような、より広い範囲から中国社会を分析するものを、その主流においてきた。

　コミュニティ・スタディを否定する積極的な理由として、瀬川は中国社会の

壮族の分布地図

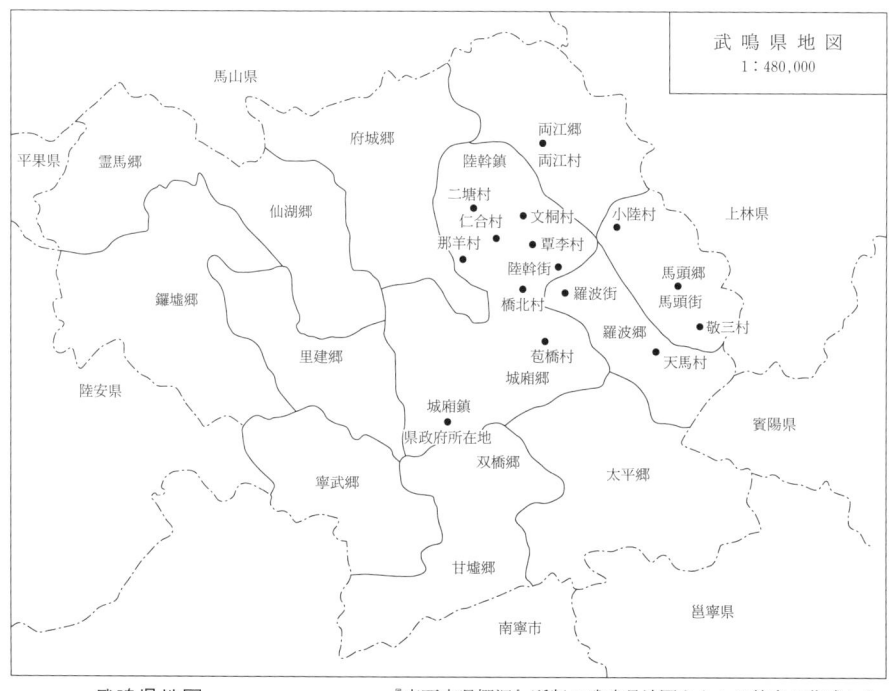

武鳴県地図　　『広西市県概況』所収の武鳴県地図をもとに筆者が作成した。

武鳴県城の街角

武鳴県の農村の家並み

ように巨大で複雑な国家社会においては、コミュニティ・スタディの対象となる地域的小単位は全体社会の中に包括された部分社会であって、それ自体で完結するような社会単位ではありえないという研究者の共通認識を指摘している。(瀬川 1987：182-183)

壮族の社会を記述するにあたっても、これらの先行研究が提示した視点は有効である。この節では、出自集団、市場システム（市場圏）といった分析視点を用いて、武鳴県の壮族の社会を記述することを試みることとしたい。

父系出自集団

武鳴県の壮族は父系の出自集団を持っている。それは「シ（ciz）」とよばれ、その下に「ファン（fanz）」という分節集団を持つ。

武鳴県陸幹鎮橋北村は、黄姓、黄姓、李姓の異なった3種類のシより構成されている。李姓は彼らの大始祖である李延宝が官に任ぜられて山東省文水県から広西へ移住してきて以来、24代、500年にわたって橋北村に定住しているという。

李姓の大始祖である李延宝には4人の男子がいたが、長男は隣県の上林県へ、次男は隣村の覃李村へ移り住み、三男が橋北村に残り、四男は夭折したと伝えられている。その後李姓は再び分派を作ることをせず、現在に至っている。

李姓の各々の人々は、大始祖以来の流れを受け継ぐ李姓のシの成員であると同時に、分派をおこなったそれぞれの始祖を起点とするファンの成員として暮らしてきた。

現在、橋北村の李姓ファンは、大始祖の李延宝ならびに、橋北村に定住した始祖（三男）から現在に至る男子とその配偶者の霊を祀る「ランシ（ranz ciz）」を所有している。橋北村の李姓ファンは、ランシを維持管理するほか、三男夫妻を祀る春の墓参などを共同でおこなっている。

橋北村と覃李村の李姓はファンの共有土地財産である「ナシ（naz ciz）」を所有していないので、ファンの始祖の墓参やシの大始祖の墓参の費用は、男子の頭数で等分して負担してきた。一方、上林県の李姓ファンには「ナシ（naz ciz）」があり、それを小作に出した収益で墓参の費用を支払うほか、民国期には李姓の子弟の小学校の学費をまかなっていたという。

このように李姓シの成員は多くの場合、それぞれの村で各始祖を起点とするファンの成員として生活している。しかし李姓シの成員として活動することがないわけではない。

　清明節の第二日目、上林県、橋北村、覃李村の李姓シの代表が、豚、鶏、酒、おこわなどを準備して大始祖の墓地に集合し、共同で祭祀をおこなうことや、大始祖から現在の世代までの、男子成員と彼の配偶者を記載した上林県、橋北村、覃李村の各「ギャープウ（gya buj）」を必要に応じて互いに参照し、校訂することなどがそれに相当する。

　さらに李姓では、その成員の中から科挙の試験の合格者を出すことを願い、子弟の教育に力を注ぎ、橋北村からついに合格者をひとり生み出した。彼は中央政界に進むことはできなかったが、相応の実績をつくり、多少なりとも李姓シの権威を高めたようである。李姓シでは彼の墓所に石碑を建て、李姓の由来と彼の業績を伝えている。

　ここであげた李姓はシとしての祭祀施設や共有財産をもたないことから、フリードマンの定義するリニージには合致しない。しかしこの李姓は、大始祖の墓参、「ギャープウ（gya buj）」の編纂などでは共同行動をおこなう他、官僚を李姓から輩出できるように子弟の教育に力を注ぐなどの協調行動をとるなど、リニージに近い機能を持っている。

　武鳴県内の村落の多くは、橋北村のように複数のシから構成されている。シには同村内で複数のファンを展開しているものと、李姓のように自村以外の地域に複数のファンを展開しているものがある。どちらの場合も、李姓と同様に、祭祀活動や政治活動において必要がある場合には、始祖を同じくするファンが連絡をとりあってひとつのシという集団として行動をとる。武鳴県には認識された過去を共有し、それを支える文字資料もしくは不動産を保有し、必要があれば共同行動をとることのできる、多数のシが存在している。

定期市のしくみ

　中国の農村社会には、機能を異にする複数の市場共同体群がみられる。スキナーはこれらの市場共同体に相互に連絡し合う多層的なシステムを見いだすとともに、農村社会の社会・経済的な基本的単位を村落ではなく、定期市が開かれる町を中心とした複数の村落から構成される市場共同体に見いだすことによ

祖先棚

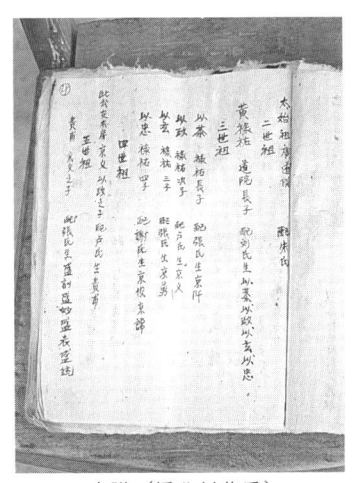

墓

家譜（橋北村黃氏）

って中国社会の研究に新しい視点をもたらした。(西澤 1988：22)

武鳴県の壮族もまた定期市を彼らの経済生活の中心においている。以下では武鳴県東部地域の市場システムのうちにある羅波ならびに陸幹の定期市を例にあげて、村落とそれを包括する市場共同体のあり方を記述する。

武鳴県東部地域には、陸幹、二塘、那羊、苞橋、羅波、天馬、馬頭、小陸、両江の市場町において、定期市が行われている。これらの定期市は、12進法によって割り当てられた十二支(子、丑、寅、卯、辰、巳、午、未、申、酉、戌、亥)の各々の日を4個づつ組み合わせた市日、すなわち「子、卯、午、酉」(A)、「丑、辰、未、戌」(B)、「寅、巳、申、亥」(C)、の市日のパターンで、3日に一度行われている。

羅波の定期市は「丑、辰、未、戌」(B)の日に、陸幹の定期市は「寅、巳、申、亥」(C)の日に行われている。

羅波の定期市

『廣西墟鎮手冊』(呂孟禧他 1987)によれば、羅波の定期市の人出の平均は5,000人である。この人出は武鳴県の定期市としては、平均的なものである。

1989年の5月2日に開かれた羅波の定期市では、米、大豆、豚肉、湯葉、麺、豆腐、青菜、さとうきびなどの食料品、漢方薬、籠、箒、ござ、靴、衣服、ライターといった日用品、農薬、飼料、肥料、アヒル雛、仔豚、鉄器、ナイロンロープ、木材といった生産財、貸本、暦本、カセットテープといった娯楽品、「米粉(麺類)」という飲食サービスが提供されていた。[2]

これらの雑多な商品はそれらが供給されるあり方を基準にすると、1「定期市の付近に居住する者が自家生産したモノを定期市で販売するタイプ」、2「定期市の付近に居住する者が自村もしくはその周辺の村から仕入れたモノを定期市で販売するタイプ」、3「定期市の付近に居住する者あるいは他地域に居住する者が他地域で仕入れたモノを複数の定期市で販売するタイプ」、4「他地域に居住する者が他地域において仕入れたモノを複数の定期市で販売するタイプ」の4種類の型に類別できる。

1の類型に属する品目として、青菜や果物などの食料品があげられる。羅波の定期市では、付近の村からやってきた数多くの女性が自家栽培した青菜を販売している。青菜は数角(角は元の下位の単位。1元＝10角である)という安い

レンコン売りのおばさん（羅波定期市）

値段であり、販売量も籠 2 個分という少量である。彼女たちは他の定期市には行かない。また羅波の市に来るのも不定期である。この類型に属する品目を販売する者は、居住地の最寄りの定期市にのみ出店している。

　2 の類型に属する品目として、豚肉、魚などのやや高級な食品があげられる。羅波の定期市では、付近の農村からやってきた男性たちが 20 台の屋台で豚肉を販売している。彼らは自村もしくは自村周辺の村から豚を仕入れ、羅波の定期市において定期的に販売している。この類型に属する品目を販売する者は、居住地のもよりの定期市の他にいまひとつの出店地を持つ場合がある。

　3 の類型に属する品目として、肥料、農薬、飼料、衣服、靴といった比較的購入頻度の高い生産財や生活用品があげられる。羅波の定期市では、羅波の男性が飼料を販売している。彼はこれを県外で仕入れ、羅波、陸幹、天馬において販売している。彼は 3 日という市日の周期のなかで、羅波（B）、陸幹（C）、天馬（A）の定期市を巡回していることになる。この類型に属する品目を販売する者は、少なくとも武鳴県東部地域内に居住地を持ち、付近の定期市を巡回していると考えられる。

羅波定期市　1989年5月2日　　　　　　　　㈱は民家

4の類型に属する品目として、鉄器といった購入頻度の低い生産財、暦などの文化用品、歯医者や理髪といったサービス業などがあげられる。羅波の定期市では、県外（広西壮族自治区玉林地区）の男性が、玉林で仕入れた暦を販売している。彼は羅波のほかに、陸幹、天馬、府城（武鳴県府城郷）、太平（武鳴県太平郷）、鑼墟（武鳴県鑼墟郷）の定期市でも、暦を販売している。彼が出店している定期市の市日と規模は、天馬（A、5,000人）、府城（A、5,000人）、太平（A、10,000人）、羅波（B、5,000人）、陸幹（C、10,000人）、鑼墟（C、10,000人）となっている。彼は3日の市日のうち、B日程を羅波にあて、A日程を天馬、府城、太平のいずれかにあて、C日程を陸幹と鑼墟のどちらかにあてている。この類型に属する品目を販売する者は、しばしば武鳴県東部以外の居住地を持ち、東部地域内外の定期市を広く巡回していると考えられる。

　上述した品目のうち、1、2類の類型に属する品目は、その販売者の数は多いが各々の販売者は零細であること、その扱う商品が定期市周辺で生産されたものであることから、農民の生産物の水平的な交換（Skinner 1964：6）とみなすことができる。

　一方、3、4類の類型に属する品目は、その販売者が専業的であること、その扱う商品が東部地域外で生産されたものであることから、消費に供するために、モノが定期市周辺部以外から農民にもたらされる交換、すなわち消費材の垂直な交換（Skinner 1964：6）とみなすことができる。

　羅波の定期市では、1、2の類型に属する農民の生産物の水平的な交換と、3、4に属する消費材の垂直な交換がともに行われている。このように、農産物の相互の水平的な交換を担うとともに、農民の消費用に購入された品目が下方に流れる末端となる市場をスキナーは、「標準市場」と規定している[3]（Skinner 1964：6）。武鳴県東部地域には、羅波の定期市と同じような機能を持つ二塘、馬頭、小陸、天馬、両江の定期市がある。

　さてこれらの標準市場では、農産物の水平な交換と消費財の垂直な交換が共に行われているが、農民にとってより重要なのは、後者であると考えられる。

　なぜならば、1、2の類型に属するものは、農村においても入手することができるが、羅波の定期市の周辺の村には3、4の類型に属するモノを販売する小売店はない（あってもそれはごく小規模なものである）ので、これらを購入する必要のある者は、羅波の定期市まで出かけなければならないからである。

陸幹の定期市

　陸幹の定期市の市毎の人出は平均1万人であると、『廣西墟鎮手册』（呂孟禧他 1987）は記している。これは武鳴県下でも有数の規模である。

　1989年の5月3日に開かれた陸幹の定期市では、青菜、米、雑穀、麺、豚肉、小魚、刺身用鯉、たまご、さとうきびなどの食料品、漢方薬、石鹸、箒、かご、ござ、衣服、衣服（伝統的な形態）、靴、子供服、帽子といった日用品、農薬、飼料、肥料、アヒル雛、鶏雛、子豚、ナイロンロープ、鉄器、木材といった生産財、鋳掛け、理髪、歯科というサービス、「米粉（麺類）」をはじめとする飲食物が供給されていた。

　この他に、陸幹の定期市の開かれる複数の広場の入り口にあたる道路ぞいには、服屋、飼料店、鏡（儀礼的交換に多用される）店、薬局、電気製品販売店、理髪店、パーマ店、写真館、旅館、広告代理店、小規模なデパートメントストアが常設店舗を開いている。

　陸幹の定期市は「寅、巳、申、亥」（C）の市日のパターンで開かれる。東部地域の他の市のうち、小陸、天馬の定期市は「子、卯、午、酉」（A）の市日のパターンで、馬頭、両江、二塘、羅波の定期市は「丑、辰、未、戌」（B）のパターンで開かれている。この定期市の市日のパターンは、陸幹の定期市とその他の定期市が同じ日に開かれることを、明らかに避けている。

　陸幹の定期市は他の定期市と異なった性質を持つのだろうか。羅波と陸幹の各々の定期市における屋台の構成から、両者の定期市の持つ性格の違いを考えてみることにしよう。

　陸幹の定期市は屋根付き売場（バスケットコート一面から二面大の土地にトタン屋根を被せたもの。この売場に2列もしくは3列構成で、同業者が並ぶ。この列を「行」とよぶ）9個分の規模を持ち、羅波の定期市は屋根付き売場4個半分の規模を持っている。

　一方この週に豚肉を販売する屋台は、陸幹の定期市では30台、羅波の定期市では20台、また衣服と靴を販売する屋台は、陸幹の定期市では6行、羅波の定期市では1行であった。

　羅波の定期市の2倍の規模を持つ陸幹の定期市は、豚肉の販売という農民の生産物の水平的な交換では、羅波の定期市の1.5倍の規模しかもたない一方で、衣服と靴の販売という消費財の垂直な交換では、羅波の定期市の6倍の規

時計の修理屋（陸幹定期市）

模を持っている。

　このことは陸幹の定期市が羅波の定期市の規模を単純に拡大させたものではなく、消費財の垂直な交換により比重を置いた形で規模を拡大させたものであることを示している。

　陸幹の定期市が開かれる日には、武鳴東部地域の他の定期市は開かれない。したがって東部地域の各市場を3、4の類型に属するモノを携えて巡回している移動商人の多くが、陸幹の定期市に参集していると考えられる。移動の商人の参集によってもたらされた、他地域からの移入商品についての選択の自由さが、陸幹の定期市に多くの人を引きつける理由である。

　さらに陸幹の定期市の周囲に広がる常設の専門店の存在も陸幹の定期市の集客能力の大きさに関係していると考えられる。陸幹以外の定期市所在地にも雑貨店や食料品店などの常設の店舗は見られるが、鏡屋、写真館、美容院などの専門性の強い常設店舗は見られない。

　実際、陸幹の定期市に隣接する村落では購入したり売却したりする品目の大小を問わず、常に陸幹の定期市を利用する傾向が強いが、それ以外の村落で

陸幹定期市 1989年5月3日　　　※は民家

- ア　キ　肉　魚 <No4> 野菜
- <No2> 服
- デパート
- <No5> 米　米粉(うどん)屋 <No3> 歯科 歯科 米粉屋製めん所 唐がらし
- <No1> 服
- 漢方薬 漢方薬 洋裁店 仔ブタ <No7> 木材 カゴ類
- <No6> 雑穀
- 千991屋 軽食 ほうき はきもの かつお うつわ いす ほうき 米類 教室 カゴ 鍛冶屋 竹製品 飼料店 電器製品屋 自転車屋 理髪店 眼鏡店 写真館 旅館
- きうがえ いもうけ いか加工 せっけん 食器 食料店 眼鏡屋 薬局 薬局
- びわ 飼料店 服屋 美容院 雑貨店 食堂 広告会社 散髪 さとうきび
- 食堂 食料品店 食堂
- 文化センター

陸幹定期市図（左頁）の詳細図

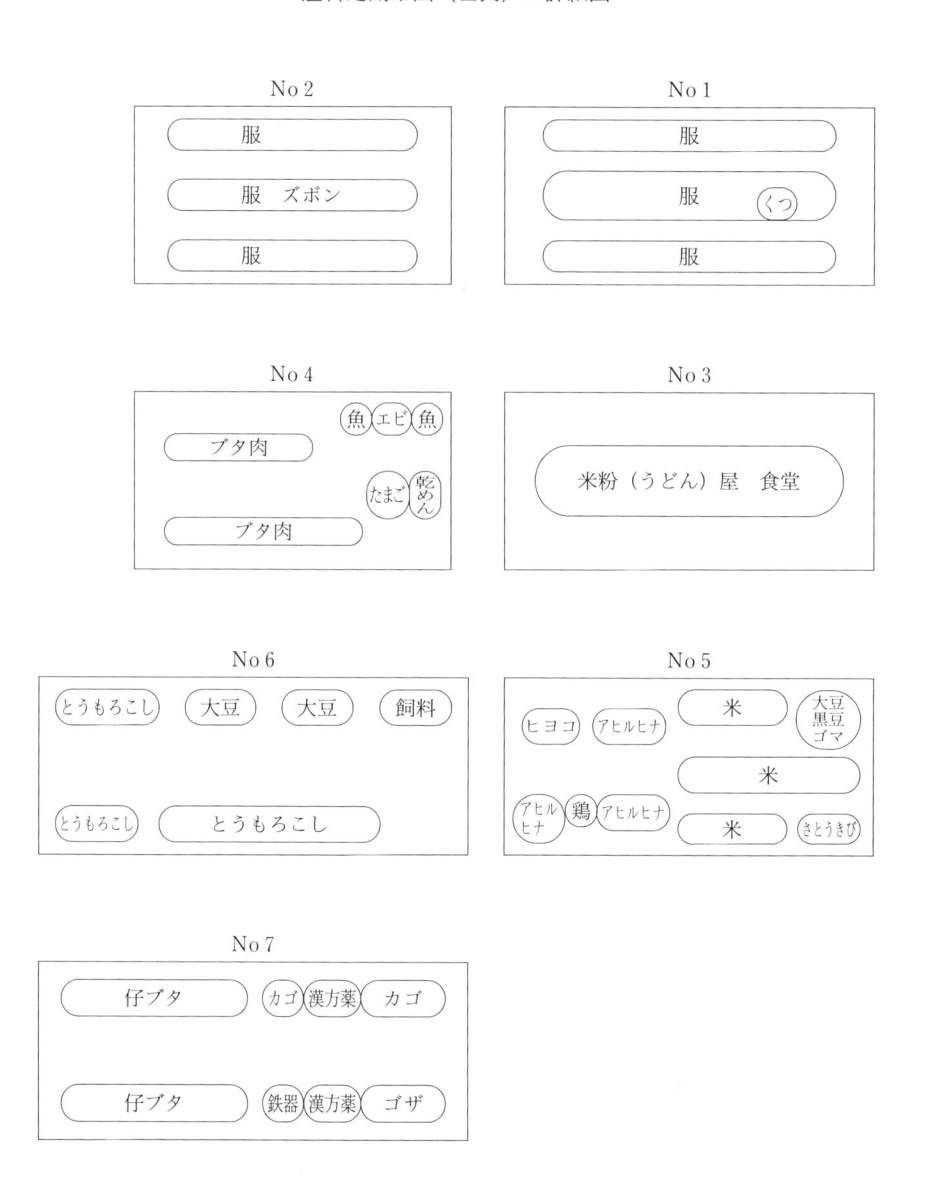

No 2
- 服
- 服　ズボン
- 服

No 1
- 服
- 服　　くつ
- 服

No 4
- 魚　エビ　魚
- ブタ肉
- たまご　乾めん
- ブタ肉

No 3
- 米粉（うどん）屋　食堂

No 6
- とうもろこし　大豆　大豆　飼料
- とうもろこし　とうもろこし

No 5
- ヒヨコ　アヒルヒナ　米　大豆 黒豆 ゴマ
- 米
- アヒルヒナ　鶏　アヒルヒナ　米　さとうきび

No 7
- 仔ブタ　カゴ　漢方薬　カゴ
- 仔ブタ　鉄器　漢方薬　ゴザ

は、村から最も近い定期市で安価で購入頻度の高い品目を、購入頻度が低く高価な品目を陸幹の定期市で購入する傾向が強くなっている。

塩とタバコ

現在武鳴県東部地域に移入される商品の仕入先は、武鳴県県城、南寧市、広西壮族自治区内の諸県、広東省など、多様な経路をとるが、解放以前に主たる移入品であった塩は、広東省から水路を経由して南寧市で陸揚げされ、そこから陸幹の街まで陸路で輸送されていたという。一方、武鳴県東部地域から移出される唯一の農産物加工品である「土煙」は、塩とは逆の経路をへて移出されていた。

土煙は葉タバコを収穫後日光によって乾燥させたものである。葉タバコを人工熱源によって乾燥させたものは、現在でも武鳴県東部地域の特産品であるが、人工熱源による乾燥法が普及するまでは、土煙がその特産品であった。[4]

陸幹の定期市には、陸幹の定期市に隣接する橋北、共済、覃李、鳳林などの各村から加工された土煙が出荷されるとともに、壮族の小規模な商人によって馬頭、小陸、天馬、両江といった定期市で買い集められた土煙が持ち込まれていた。

陸幹[5]には「羅定客」と称される広東人や「賓陽鬼」と呼ばれる客家人などの武鳴県外からやってきた人たちが、土煙の取引のために滞在していた。彼らによって陸幹の定期市で集められた土煙は、人夫によって担がれ南寧市へ運ばれたという。陸幹周辺の農民にとって、陸幹から土煙を担いで南寧へ行き、その帰路に塩を陸幹まで担いで帰るという労働は、農閑期の主要な現金収入の手段であった。

陸幹は土煙を陸幹鎮、城廂郷、両江郷、羅波郷、馬頭郷の各村から収集し南寧へ運び出すとともに、南寧から運び込まれた塩を陸幹鎮、城廂郷、両江郷、羅波郷、馬頭郷の各村に再分配する役割を果たしていたのである。

解放前の陸幹は武鳴県東部地域の物流の結節点であったと考えられる。東部地域に出入りする品物は陸幹を経由しなければならなかったのである。解放以降、国営公司が人工熱源による乾燥葉タバコを直接買い付けるようになり、東部地域における土煙の流通量が減少したこと、あるいは塩の流通が国営公司にゆだねられたことによって、陸幹の影響力はそれ以前に比べて低下した。

しかし陸幹は現在も、南寧市の土煙専門市場へ向けて出荷する、武鳴県東部地域の土煙を集荷する役割を担っている。陸幹は他地域から移入された消費財の垂直な交換を中心的に担うだけではなく、東部地域の農産加工物を地域外へ移出するための集散地の役割を現在も果たしているのである。

市場共同体としての東部地域

　武鳴県東部地域には、東部地域の農産加工物を地域外へ移出するための「中間市場」としての役割を担う唯一の市場町である陸幹と、「標準市場」としての役割を担う複数の市場町が存在している。

　他地域から移入されたモノは、この市場機構を通じて村落へ移動していく。他地域から移入されたモノは、先に陸幹の町で消費され、標準市場町でも売りさばけると判断されたモノだけが、移動商人によって他の定期市で頒布される。これとは反対に、農村部から他地域へ移出されるモノは、標準市場町で行われる定期市で小商人によって買い付けられ、さらに陸幹の町において、他地域からやってきた商人に転売されるのである。このようにして、武鳴県東部地域の村々は、消費財の購入を通じて、あるいは農産加工品の売却を通じて、陸幹と結びついている。

　陸幹は地域外から地域内へと移入されるモノを選択することによって、あるいは地域内から地域外へ移出するモノを選択することによって、地域内の経済を制御していた。同様に東部地域内にある各々の標準市場は、村落へ移入されるモノあるいは村落から移出されるモノを選択することによって、標準市場地域内の経済を制御していたのである。

　解放前の武鳴県東部地域は、陸幹の定期市を中心とする、定期市のシステムを形成していたと考えられる。そして現在もそれは、消費財の垂直な交換における中心地を陸幹におくという形で、継続しているのである。

言葉と文化

　壮語はタイ系の言語である。中国南部には、壮語を用いる壮族の他に、言語学的に見れば、タイ諸語に属する多くの民族がいる。プイ、ダイ、カム、スイ、モーラオ、マオナン、リなどが、それに相当する。

　現在のところ、詳細にはわからないが、タイ系の諸民族は紀元前千年頃に

は、揚子江流域の米作地帯に居住していたとみられる。中国史上にその名をとどめている呉や越といった国は、タイ系の王国であったという。
　その後、北方から侵略を受けると、タイ系の諸民族は南方に移動を繰り返し、その一部は中国の広西、広東、湖南南部に定着し、中国国内の少数民族となった。さらにその一部は東南アジアに達し、現在のタイやラオスといった国家を形成した。(W.エバーハルト 1987)
　漢化の著しい壮族ではあるが、いまなお基層のところで、タイ系の諸民族と共通するものを、色濃く持っているとされる。

話し言葉としての壮語

　壮語は壮族の人々が日常会話で、主に使用する言葉である。しかし、南寧市や桂林市、梧州市などの都市部に住む壮族は、広東語もしくは西南官話を母語としているため、壮語を使用する人口は、実際の壮族の人口よりも少ない。
　これ以外の地域に居住する壮族も、広東語もしくは西南官話とのバイリンガルであることが多い。また学校教育を受けた者は、普通話（北京語）を話すことができる。
　壮語の文法構造は、漢語に近いものの、タイ語諸語の特徴もよく残している。特に修飾語がそれに修飾される語の後ろに来ることが、漢語と異なる点である（S. R.ラムゼイ 1990）。語彙は基礎的な語彙においては、タイ語（例えば、魂〈pi〉）と共通し、さらに広東語（例えば学校〈hat tang〉）と共通する語彙を多く持っている。現代的な語彙では、普通話や西南官話を多く取り入れている。
　壮語には南部方言、北部方言の二大方言があるが、その方言差は語彙のレベルで35パーセントにのぼっている。このため南部方言を母語とする人と北部方言を母語とする人の間での会話は、困難なものになっており、壮族の間でも方言の異なる者同士の会話は、漢語を用いて行われている。(韋以強 1984)
　1955年に制定された壮族の標準語は、文法の基礎を北部方言に、発音の標準を武鳴音においている。民族語教育および壮語による出版、放送は、この標準語を用いて行われているが、方言差が激しいため、ほとんど普及していない。
　広西壮族自治区内では、小学校から大学にいたるまで壮語を学ぶシステムは

完備しているが、このコースで壮語によって教育を受けた者は、都市部での就職先が限られているため、壮語による一貫教育を望む者はごく少数である。1997年度から政府の方針が変わり、民族語の普及を学校教育では積極的には行わないようになったため、壮語の標準語は廃れていくのではないかと考えられる。

書き言葉としての壮語

壮語の書き言葉には、二種類のものがある。公式の書き言葉は、1955年に壮語の標準語が制定されたと同時に、制定されたアルファベット表記の書き言葉（現代壮文）である。政府の公文書や出版物は、漢語の他に現代壮文によって記述されることになっている。

この表記法による記述の仕方は、声母＋韻母＋声調となる。例えば「木」を表す詞「faex」は、声母「f」＋韻母「ae」＋声調「x」と記述する。

先に述べたように、壮語には方言差が大きく、また標準壮語の普及も進んでいない。壮語の書き言葉は標準壮語に対する表音文字なので、標準壮語の使い手でなければ正しく使いこなすことができない。そのため標準壮語は、主に研究や学校教育の場で、用いられているものとなっている。

さて壮語には今一つの書き言葉があり、これを「方塊字」という。これは政府の制定したものでもなければ、慣用的な正字法があるわけでもない。方塊字の正字法は、地域ごと又宗教者の集団ごとの違いが大きいために、その流通する範囲が限定されている。しかし農村部では、掛け歌の覚え書きを作ったり、宗教者の祭文を記述するために、広く用いられている。

方塊字は漢字の造字法に習ったもので、ベトナムのチュノムに似た仕組みをもっている。例えば「水田」を表す方塊字は「䢚」であるが、これは水田を意味する漢字「田」と、水田を表す壮語の「ナ (那)」読みを組み合わせたものである。(陸瑾 1984)

方塊字の使用にあたっては、漢字の素養を必要とするために、これを使用することのできる者は、初等教育を受けた者、宗教者に入門した者といった、何らかの形で教育を受けた者、即ち男性に限られていた。

現代壮文の出版物（公務員のための壮文テキスト、小学校教科書、歌本）

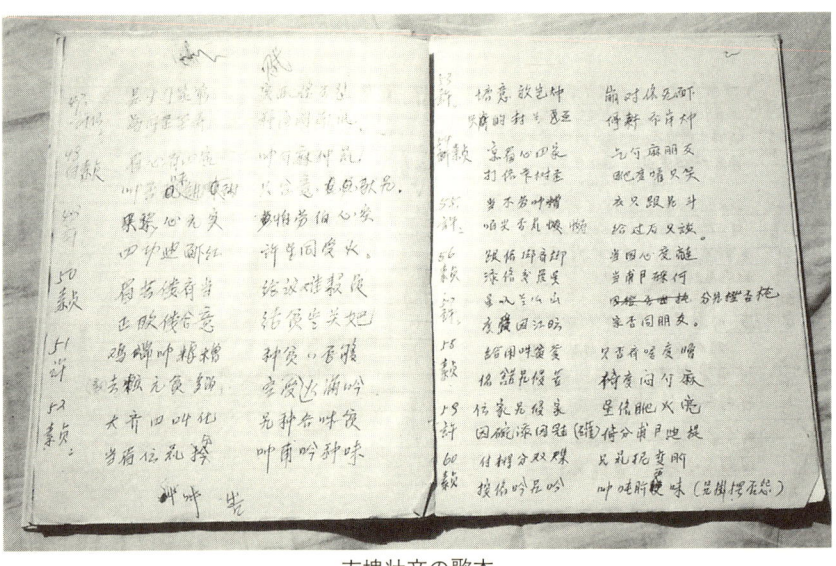

方塊壮文の歌本

壮語の概説[8]

　壮語の詞（形態素）は、声母＋韻母＋声調から構成されている。例えば、詞「faex」は、声母「f」＋韻母「ae」＋声調「x（第4声調を示す記号）」に分けて考えることができる。ここでいう声母とは音節初頭の子音をいうが、標準壮語のそれは22種類である。韻母とは詞（形態素）から声母と声調を除いた部分をいうが、標準壮語のそれは108種類である。声調とは音節内における音の高さの変化をいうが、標準壮語は8種類の声調を持つ。

　壮語の文の要素は、漢語とほぼ同じような順序をとる。最も基本的な語順は、主語―動詞―目的語（1）である。しかし特定の目的語が文脈から明らかな場合は、目的語が省略されることがある（2）。

　動詞はそのあとに、さらに別の動詞を補語としてとることができるが、その場合、その補語は動作の結果を示す（3）。またこの動詞の連結（複合動詞）が目的語をとる場合は、その目的語は主動詞と補助動詞の間におかれる（4）。

(1)　Go　　gwn　　haeux　　　　　　兄さんはご飯を食べた。
　　　兄さん　食べた　飯

(2)　Go　　gwn　　　　　　　　　　　兄さんは食べた。
　　　兄さん　食べた

(3)　Go　　gwn　　imq lo　　　　　　兄さんはおなかいっぱい食
　　　兄さん　食べた　充足している　　べた。

(4)　Go　　gwn　　haeux　imq lo　　兄さんはおなかいっぱい
　　　兄さん　食べた　飯　　充足している　ご飯を食べた。

　動詞を否定形や疑問形にする場合には、否定詞　mbouj を使用する。否定形の場合はmbouj＋動詞（5）、疑問形の場合はmbouj＋動詞＋mbouj（6）という形を取る。

(5)　Go　　mbouj　gwn　　haeux　　兄さんはご飯を食べていない。
　　　兄さん　否定詞　食べた　飯

(6)　Go　　mbouj　gwn　　mbouj？　兄さんは食べたのか。
　　　兄さん　否定詞　食べた　否定詞

　壮語ではしばしば動詞が重複して使われたり、擬態語や擬音語を伴うことが[9]

壮語声母表

声母22種		凡例	p壮文表記	〔p〕国際音声記号表記			
b 〔p〕	mb 〔ʔb〕	m 〔m〕	f 〔f〕	v 〔w〕			
d 〔t〕	nd 〔ʔd〕	n 〔n〕	s 〔θ〕	l 〔l〕			
g 〔k〕	gv 〔kw〕	ng 〔ŋ〕	h 〔h〕	r 〔ɣ〕			
c 〔ɕ〕	y 〔j〕	ny 〔ɲ〕	ngv 〔ŋw〕	by 〔pl〕	gy 〔kj〕	my 〔ml〕	

壮語韻母表

韻母108種			凡例	a壮文表記	〔a〕国際音声記号表記			
i 〔i〕		e 〔e〕	a 〔a〕		o 〔o〕	u 〔u〕	w 〔ɯ〕	
		ei 〔ei〕	ai 〔a:i〕	ae 〔ai〕	oi 〔o:i〕	ui 〔uəi〕	wi 〔wəi〕	
iu 〔i:u〕		eu 〔e:u〕	au 〔a:u〕	aeu 〔au〕	ou 〔ou〕			
				aw 〔aw〕				
iem 〔iəm〕	im 〔im〕	em 〔e:m〕	am 〔a:m〕	aem 〔am〕	om 〔o:m〕	oem 〔om〕	uem 〔uəm〕	um 〔um〕
ien 〔iən〕	in 〔in〕	en 〔e:n〕	an 〔a:n〕	aen 〔an〕	on 〔o:n〕	oen 〔on〕	uen 〔uən〕	un 〔un〕	wen 〔wən〕	wn 〔wn〕
ieng 〔iəŋ〕	ing 〔iŋ〕	eng 〔e:ŋ〕	ang 〔a:ŋ〕	aeng 〔aŋ〕	ong 〔o:ŋ〕	oeng 〔oŋ〕	ueng 〔uəŋ〕	ung 〔uŋ〕	wng 〔wŋ〕
iep 〔iəp〕	ip 〔ip〕	ep 〔e:p〕	ap 〔a:p〕	aep 〔ap〕	op 〔o:p〕	oep 〔op〕	uep 〔uəp〕	up 〔up〕
ieb 〔iəp〕	ib 〔ip〕	eb 〔e:p〕	ab 〔a:p〕	aeb 〔ap〕	ob 〔o:p〕	oeb 〔op〕	ueb 〔uəp〕	ub 〔up〕
iet 〔iət〕	it 〔it〕	et 〔e:t〕	at 〔a:t〕	aet 〔at〕	ot 〔o:t〕	oet 〔ot〕	uet 〔uət〕	ut 〔ut〕	wet 〔wət〕	wt 〔wt〕
ied 〔iət〕	id 〔it〕	ed 〔e:t〕	ad 〔a:t〕	aed 〔at〕	od 〔o:t〕	oed 〔ot〕	ued 〔uət〕	ud 〔ut〕	wed 〔wət〕	wd 〔wt〕
iek 〔iək〕	ik 〔ik〕	ek 〔e:k〕	ak 〔a:k〕	aek 〔ak〕	ok 〔o:k〕	oek 〔ok〕	uek 〔uək〕	uk 〔uk〕		wk 〔wk〕
ieg 〔iək〕	ig 〔ik〕	eg 〔e:k〕	ag 〔a:k〕	aeg 〔ak〕	og 〔o:k〕	oeg 〔ok〕	ueg 〔uək〕	ug 〔uk〕		wg 〔wk〕

注　ip列とib列、it列とid列、ik列とig列は音構成は同じであるが、声調が異なる。
　　p列t列k列は第7声調、b列d列g列は第8声調をとる。

壮語声調表

声調8種								
声調名称	第1声調	第2声調	第3声調	第4声調	第5声調	第6声調	第7声調	第8声調
音高	13	31	55	42	35	33	55もしくは35	33
壮文表記	なし	z	j	x	q	h	p・t・k	b・d・g

ある。

　同じ動詞が繰り返し使われる場合、「ちょっと」あるいは「適当に」というニュアンスを持つ (7)。

(7)　gwngwn →　　gwn　　＋　gwn
　　　ちょっと食べる　食べる　　　食べる

　動詞の後ろに、その動詞と同じ声母プラス韻母（awq、ak、a）が続く場合、「適当に」「思い切り」「急いで」というニュアンスを持つ (9)。

(9)　gwngawq →　　gwn　　　＋g　　　＋awq
　　　適当に食べる　食べる　　gwnの声母

　また動詞の後ろに、その動詞と同じ声母プラス韻母（a）と声母プラス韻母（awq）が続く場合、「たいへん急いで」というニュアンスを持つ (10)。

(10)　gwnga gwngawq →　{gwn＋g＋a}＋{gwn＋g＋awq}
　　　たいへん急いで食べる

　動詞の後に擬態語や擬音語を伴う例には、次のようなものがある。

(11)　daejngaxngax →　daej＋ngaxngax
　　　があがあ泣く
(12)　　　gwnbyoebyoe →　gwn＋byoebyoe
　　　ぐちゃぐちゃにして食べる

　壮語の語法が漢語と最も異なるのは、修飾語と被修飾語の関係においてである。壮語では基本的に修飾される語は、それを修飾する語より前に置かれる (13) (14)。

(13) go gou → go gou
　　 私の兄　　　兄　私

(14) haeux naengj → haeux naengj
　　 おこわ　　　　飯　蒸した

　この法則は (13)(14) のように、名詞を修飾する場合にのみ適用されるのではなく、複合名詞を作る際にも適用される (15)(16)。

(15) gvehoengz → gve hoengz
　　 スイカ　　　瓜　赤い

(16) gvehom → gve hom
　　 マクワウリ　　瓜　薫り高い

　壮語のおのおのの名詞には、それと結びつく特定の量詞があり、名詞の数を数えたり (17)、名詞に指示代名詞を付けて使う場合に、それを使用する。

(17) song duz vaiz → song duz vaiz
　　 二匹の水牛　　　2　量詞　水牛

　漢語壮語とも、指示代名詞が他の類詞から修飾されることはない。漢語では、指示代名詞＋量詞＋名詞の順をとるが、壮語では、修飾語と被修飾語の関係が漢語と逆になるため、量詞＋名詞＋指示代名詞となる。また名詞が数詞や形容詞、副詞を伴う場合は、指示代名詞は、それらの後方におかれる。

(18) duz vaiz neix → duz　vaiz　　　　neix
　　 この水牛　　　　量詞　水牛　近くのものを示す指示代名詞

(19) song duz vaiz hung lai neix
　　 とても大きなこの2匹の水牛
　　 → song　duz　vaiz　　hung　　　lai　　　neix
　　　　 2　　量詞　水牛　形容詞・大きい　副詞・とても　指示代名詞

　壮語の形容詞は、連体修飾語 (20) や連用修飾語 (21)、目的語 (22)、述語 (23) として使われる。

(20) buh moq → buh　moq
　　 新しい服　　 衣服　新しい

(21) 　　　　Raeuz noix gangj di 　　→Raeuz　noix　gangj di
　　 私たち、ちょっと話すだけにしようね　私たち　少し　　話す

(22) De guh ndaej ndei → De　guh　ndaej　ndei
　　 彼はよくやった　　　　彼　する　助動詞　よい

(23) Daeng duemh → Daeng　duemh
　　 灯りが暗い　　　　灯り　　暗い

壮語の副詞は、動詞や形容詞の後ろに位置して、それらを修飾するものと(24)、動詞や形容詞の前に位置して、それらを修飾するもの(25)がある。

(24) Daengnoenz ndat raixcai → Daengnoenz　ndat　raixcai
　　 日差しが非常にきつい　　　　　陽光　　熱い　非常に

(25) Vunzvunz cungj daeuj → Vunzvunz　cungj　　daeuj
　　 人々はみんなやってきた　　　　人々　　全部　やって来る

以上が壮語の概略であるが、実際に話される壮語には、語彙と文法の両方のレベルで、漢語の影響を受けた用法と伝統的な壮語の用法が共存しているため、必ずしもこのとおりではない。

注
1) 県内の18郷のうち、その人口に壮族がしめる割合が、9割を超える郷は11郷、8割を超える郷は3郷である。またその割合が7割を切る4郷における、壮族と漢族の人口比は、以下のとおり。

	府城郷	東風農場	華僑農場	霊馬郷
壮族	69.9%	64.2%	57.1%	53.4%
漢族	30.04%	35.1%	42.6%	46.4%

2) この他に定期市が開かれる広場を囲むようにして、常設店舗として、理髪店、食料品店、雑貨店、飲食店、脱穀業がある。
3) 訳語についてはスキナー, G. W. 1979を参照した。
4) 広西省の「土煙」の生産高は、1921年には554,500キログラム（広西統計局 1933：200）であったが、同年の武鳴県の「土煙」の生産高は、125,000キログラムとなっている

（広西統計局 1933：200）。武鳴県は「土煙」の主要な生産地であった（李炳東 1985：172）。
5）陸幹の定期市は1927年に現在地に移転した。それ以前は現在地から程近い場所（旧陸幹）で開かれていた。
6）他地域からもたらされた産物を複数の標準市場へ供給するとともに複数の標準市場から産物を集荷し他地域へ移出する役割を担う定期市場を「中間市場」という（Skinner 1964：7）。
8）以下の用例は、覃国生他 1998、韋星朗 1993によっている。
9）このほかにも例をあげると

   raemjrak → raemj+r+ak 思いっきり砕く
   ndaemndak → ndaem+nd+ak 急いで植える
   couxcag → coux+c+ag ちょっとおめかしをする

文　献

国家統計局人口統計司　国家民族事務委員会経済司編
 1994『中国民族人口資料』中国統計出版社。
中国社会科学院民族研究所編
 1999『中国少数民族現状発展調査研究叢書・武鳴県壮族巻』民族出版社。
エバーハルト，W.
 1987『古代中国の地方文化』白鳥芳郎他訳　六興出版。
松本光太郎
 1987「漢族の子孫としての少数民族」『民族学研究』。
 1990「壮族の移住伝説とエスニシティ」『民族文化の世界（下）』阿部年晴他編　小学館。
費孝通
 1985「関於広西壮族歴史的初歩推考」『民族史論文選 1951-1983』索文清　胡起望編　中央民族学院出版社。
塚田誠之
 2000a『壮族社会史研究』国立民族学博物館。
 2000b『壮族文化史研究』第一書房。
菊池秀明
 2001「明清期の広西における諸民族の移住と「漢化」」『流動する民族』塚田誠之他編　平凡社。
橋本萬太郎　鈴木秀夫
 1983「漢字文化圏の形成」『漢民族と中国社会』橋本萬太郎編　山川出版社。
竹村卓二
 1983「少数民族の歴史と文化」『漢民族と中国社会』橋本萬太郎編　山川出版社。
梁庭望
 1987『壮族風俗史』中央民族出版社。
覃国生　梁庭望　韋星朗
 1984『民族知識叢書　壮族』中央民族出版社。

韋以強
　1984「論統一―套壮文之可行」『壮文論文集』韋以強編　広西民族出版社。
陸瑾
　1984「浅談方塊字」『壮文論文集』韋以強編　広西民族出版社。
黄現璠　黄増慶　張一民
　1988『壮族通史』広西民族出版社。
S. R.ラムゼイ.
　1990『中国の諸言語』高田時雄他訳　大修館書店。
覃国生
　1998『壮語概論』広西民族出版社。
韋星朗
　1993 *Vah Cuengh*（私家版、筆者のために書かれた壮語テキスト）。
広西壮族自治区概況編写組
　1985『広西壮族自治区概況』広西民族出版社。
黄体栄
　1985『広西歴史地理』広西民族出版社。
広西壮族自治区通史館編
　1985『広西市県概況』広西人民出版社。
黄君鉅等
　　　『武縁縣圓経』巻一（光緒 12 年修、宣統 3 年続修）。
瀬川昌久
　1987「香港新界の漢人村落と神祇祭祀」『民族学研究』。
　1991『中国人の村落と宗族』弘文堂。
フリードマン, M.
　1987『中国の宗族と社会』　田村克己、瀬川昌久訳　弘文堂。
西澤治彦
　1988「漢族研究の歩み―中国本土と台湾、香港」『文化人類学』5　アカデミア出版会。
SKINNER, G. William
　1964 *Marketing snd Social Structure in Rural China.* AAS Reprint Series No. 1 Asociation for Asian Studies.
スキナー, G. W.
　1979『中国農村の市場・社会構造』今井清一、中村哲夫、原田良雄訳　法律文化社。
広西統計局
　1933『第一回廣西年鑑』。
李炳東
　1985『広西農業経済史稿』広西民族出版社。
呂孟禧　蔡中武　呉中任
　1987『広西墟鎮手冊』広西人民出版社。

3
フォン

歌掛けを聞く人々（野外）

うたうということ

その出来事は、中華人民共和国の武鳴県で、聞き取りを始めた初日におこった。私はある壮族の女性を紹介してもらい、彼女から武鳴県に伝わるさまざまな歌を録音しようとしていた。「恋愛の歌をうたってください」彼女はうたいだし、私はテープレコーダを回し始めた。「子守歌をうたってください」「流行っている歌をうたってください」彼女は私の依頼に応じて、恋愛の歌や子守歌や流行歌をうたってくれた。しかし私はテープレコーダをまわしながら不安でいっぱいになった。「伝統的な歌をうたってください」「あなたの好きな歌をなんでもいいからうたってください」彼女は律儀に私の依頼に応えてくれたが、私はとうとうテープレコーダのスイッチを止めてしまった。何をうたってもらっても、彼女のうたう旋律は同じものだったのである。

先にあげた私の失敗談は、「歌をうたう」という言葉の意味するものが、彼女と私では随分と異なっていることを示している。

私たちの社会では、歌には複数のジャンルがあり、それぞれのジャンルの下に多数の旋律を持つ個々の曲があると考えている。いろいろな歌をうたってくれるように依頼されたならば、へそ曲がりでない限り、旋律の異なる歌をうたうだろう。私たちの社会ではこの歌とあの歌が違うものだというとき、それはふたつの歌の旋律が異なることを示している。

彼女のうたった歌は私にはどれも同じ旋律に聞こえた。にもかかわらず彼女は様々な「歌」をうたったと言っている。この歌とあの歌が違うというとき、彼女の社会では旋律とは異なるなにかを基準にして判断している。

彼女の社会の「歌をうたう」という行為は私の社会のそれとは大きく異なっている。それでは彼女にとって「歌をうたう」とはどのような行為なのだろうか。

フォンとコ

武鳴県の農村ではほとんど全ての家でテレビを所有している。テレビの普及が進んだのは80年代だが、ラジオならば70年代の初頭には多くの家で所有されていた。テレビやラジオから流れてくる「歌」を彼らは「コ（go）」と呼ぶ。

コに分類されるものには様々な旋律と詩型がある一方、各々のコでは旋律と歌詞が固定されている。コをうたうことを「シイエン　コ（ciengq go）」とい

う。「シイエン」とは「声に出して歌う」という意味である。コは曲毎に旋律と歌詞が固定されているので、コを「シイエン」するとはあらかじめ決められた歌詞や旋律をうたうことになる。

　一方、彼女が私にうたってくれた歌のことを彼らは「フォン（fwen）」と呼んでいる。フォンは固有の詩型と旋律を持ち壮語でうたわれる。広西壮族自治区には100種類以上のフォンの旋律があると一般的には言われている。しかしそれは広西壮族自治区内のフォンの旋律の総数であって、各々の地域はひとつもしくはふたつの旋律を持つだけである。

　壮語でフォンを歌うことを「エウ　フォン（eu fwen）」という。しかし「エウ」は、「声に出してうたう」ことだけを表しているのではない。「エウ　フォン　ハウ　グン　シュウ　セ　ベイ　シイエン」は、「娘さんが（武鳴で行われるフォンのコンテストへ）行ってうたうためのフォンを作ってあげる」となるが、ここでは、「シイエン」するためのフォンを作る行為のことを指して、「エウ」と言っている。「エウ」は、フォンの歌詞を作ることをも、指す言葉なのである。フォンでは「うたう」ことと歌詞を「作る」ことが未分化であると考えられるだろう。

　彼らはたとえ傍らのラジオやテレビからコが流れていても、ある一曲のコを除いて、それに興味を示さない。彼らは強いられなければコを「シイエン」することはない。一方彼らは機会あるごとにフォンを「エウ」する。

　彼らが思い浮かべる「うたう」という行為は、「シイエン」ではなく、「エウ」である。彼らにとって、うたうことは声を出してうたうこと同時に、そのうたうべき歌詞を作り出すことなのである。

　　テキストのなかのフォン

　次にあげるのは、武鳴県東部のフォンの代表的な歌い手である李超元がうたったフォンである。李超元はそれらのフォンをうたうとともに、私の求めに応じて彼がうたったフォンを「方塊字」[2]で記してくれた。ここでは、李超元の記した方塊字を現代壮文[3]に書き直したものを示してみよう。（テキスト1）

> テキスト1
>
> 1、 aen　ndoeng　neix　dih　faex　　　　この山林（にある）木
> 　　　　　　　　　　　　　　　△
> 2、 suenq　go　naex　haemq　ywnz　　　鉄錆色の木はなんとあかいのだろう
> 　　　　　　　　△　　　　▲
> 3、 ndaew　mbanj　naex　dih　vunz　　　鄙（にある）鉄錆色の人
> 　　　　　　　　　　　　▲
> 4、 suengq　dah　mwngz　hab　aei　　　あなたを意のごとくできたなら
> 　　　　　　　　　▲

　このフォンは5個の詞から一句ができており、その句が4個集まって、ひとつのフォンを作っている。黄勇刹のいう「四句式短歌」に相当する。

　李超元はこのフォンは韻を踏んでいるという。彼は1句目の最後の詞と2句目の3番目の詞で韻を踏み、2句目の最後の詞と三句目の最後の詞と、4句目の3番目の詞で、先ほどとは別の韻を踏んでいると説明する。

　彼のいう韻を踏むとは、どのようなことなのだろうか。

　1句目の5番目の詞「faex」の韻母「ae」と2句目の3番目の詞「naex」の韻母「ae」で踏んでいる。これは共通する「ae」を押韻している。

　しかし2句目の5番目の詞「ywnz」の韻母は「wn」であり、3句目の5番目の詞「vunz」の韻母は「un」、4句目の3番目の詞「mwngz」の韻母は「wng」である。李超元の考えに従えば、現代壮語の韻母の分類では異なったグループに属する「wn」音と「un」音は、フォンの押韻の上では互いに流用できる音であり、また「un」音と「wng」音も同様に、互いに流用できる音となっている。

　このように、李超元のうたったフォンは、5個の詞からなる句が4句集まって構成されたもので、さらに4句のうちで5カ所で2種類の韻を楔形で押韻したものとなっている。（図1）

図1

1	○	○	○	○	A
2	○	○	A	○	B
3	○	○	○	○	B
4	○	○	B	○	○

武鳴県でこれまでに採集されたフォンの資料には、民国期に採集された李方桂の『武鳴土語』(李方桂 1956)、1980年代になって整理された Fwen Uujmingz (Veiz Yijgyangz 1982) などが代表的なものとしてあげられるが、これらに載せられたフォンはここにあげた様式、あるいはその展開をした形の様式にしたがっている。私が武鳴県において収集したフォンの資料もまた、これらの詩型にしたがっている。武鳴県のフォンは基本的には全てこの形式にしたがってうたわれているといえるだろう。

　　旋律のなかのフォン
　武鳴県には大きく分けると四種類のフォンがある。陸幹を中心とする東部地域で歌われるフォン、鑼墟を中心とする西部地域で歌われるフォン、双橋を中心とする南部地域で歌われるフォン、府城を中心とする北部地域で歌われるフォンである。さらに各地域のフォンは、死者儀礼でのみ使用されるフォンを持つ場合もある。
　これらはともに、先にあげた特定の詩型にしたがってうたわれているが、それぞれの地域が持つ旋律は異なったものとなっている。
　例えば、東部地域のフォンは、どちらかといえば複雑なものである（楽譜1）のにたいして、南部地域のフォンは、簡潔なものとなっている（楽譜2）。
　楽譜が明確に示すように、東部地域のフォンと南部地域のフォンの旋律は異なっている。東部地域の人々は、南部地域のフォンの歌詞を聞き取ったり創作したりすることができないという。同様に、南部地域の人も、東部地域のフォンの歌詞を聞き取ったり創作したりすることができないと考えている。
　さて図2は同じフォンを、東部地域の歌い手と南部地域の歌い手にそれぞれうたってもらったものを、整理したものである。
　東部地域のフォンは45前後の音節（図2のaとb）で構成されている。このうち歌い手が自由に創作できるのは20の詞(a)である。その他に「oi i au oi」、「wn he」、「ai i au oi」という固定された音節が、曲の頭初部、中間部、終末部に置かれている(b)。さらに14前後の音節(b)が詞と詞の間に挟まれているが、これは詞の長さと旋律の長さの違いを調節するために置かれたものである。例えば図1の1bの3番目の音節「na」は1aの3番目の詞「dan」の「n」に韻母の「a」を加えたものであるが、それは「丹（牡丹の丹）」とい

43

東部地域のフォン

採譜：東山真奈美

これは東部地域の女性の歌い手がうたったフォンをもとに作成したものである。
東部地域のフォンは男女によって、4度もしくは5度の音程差がある。

南部地域のフォン

採譜：東山真奈美

これは南部地域の男性の歌い手がうたったフォンをもとに作成したものである。

図2　東部地域のフォンと南部地域のフォンにおける差異

```
1 a            Va    maeux   dan    hoengz   singj
1 b      e             a      na     ga       ga
1 c


2 a            Youq  gwnz    dingj  bak      laeuz
2 b                          na     nga      ka        ou   i   au  oi
2 c                                          a         e        ae


3 a            Ndaej gaeuj   mbouj  ndaej    aeu
3 b      wn he                wa    a        ya       wa
3 c


4 a            Dang  gaeuj   ngaeuz ndaw     gingq
4 b                                 wa       ho       a         a   i   au  oi
4 c                                                              ne  ai
```

注記　各列のaは東部地域、南部地域に共通する部分（詞）
　　　　bは東部地域のフォンにだけ見られた部分（音節）
　　　　cは南部地域のフォンにだけ見られた部分（音節）をあらわす。
　　　したがって東部地域のフォンの1行目は、以下のように歌われる。
　　　e　Va　maeux　a　dan　na　hoengz　ga　singj　Ga
　　　一方南部地域のフォンの1行目には修飾の音節がないので、以下のように歌われる。
　　　　　Va　maeux　dan　hoengz　singj

　　　　＝＝＝＝部は韻を踏んでいることをあらわす。
　　　　〰〰〰は固定された音節。
　　　　記述は現代壮文の表記法による。

う意味を持つ「dan」という詞が、それを乗せる旋律より短いために、置かれたものである。長さを調節するための音節が、置かれる位置はほぼ決まっているが、歌い手により若干の移動や省略がある。

　南部地域のフォンは 25 の音節（図 2 の a ならびに c）で構成されている。このうち各人が自由に創作できるのは東部と同じく 20 の詞（a）である。その他に「e ae」、「ne ai」という固定された音節が、曲の中間部と終末部に置かれ (c)、さらに詞と旋律の長さの違いを調節する音節がひとつ置かれている (c)。

　このように旋律が異なると、詞と音節の配置は異なった組み合わせをとる。このことが旋律の異なる地域のフォンを聞き取りにくいものにさせているのだろう。

　同じような理由で、異なった旋律のフォンに詩をつけることは難しいものとなる。武鳴県の東西南北の各々の地域のフォンは、ともに 20 の詞から構成されている。前節で述べたように、韻はこれらの語の中で各地域に共通して踏まれている。

　図 2 の 1 a〜4 a に挙げた 20 個の詞の中で、始めに踏まれるのは 5 番目の詞「singj」と 8 番目の詞「dingj」で、その韻は「ing」である。次に踏まれるのは 10 番目の詞「laeuz」、15 番目の詞「aeu」、18 番目の詞「ngaeuz」で、その韻は「aeu」である。

　歌詞だけを取り出して見てみると、東部のフォンも南部のフォンも同じ場所で韻を踏んでいる。しかしそれを旋律に乗せた場合、音節の多い東部のフォンでは、初めに韻を踏むのは 9 番目の音節となる。これに対して音節の少ない南部のフォンでは、初めに韻をふむのは 5 番目の音節となる。

　東部と南部のフォンは、詞を基準とすれば同じ構成となるが、音節を基準とすると異なった構成となる。旋律と音節の組み合わせをフォンの様式とすれば、様式は各地域ごとに全く異なったものになるといえるだろう。

　このように、文字テキストに記述された歌詞が同じであっても、実際うたわれる東西南北の各地域のフォンは、それを聞く者には全く違ったものとして聞こえてしまう。

暮らしのなかのフォン

　武鳴県の人々は異なる地域のフォンを聞き取ることもうたうこともできないと強調する。しかしそれは困難ではあるが、不可能なことではない。

　例えば水利工事の人夫として隣県に派遣された藍光明は、隣県でも武鳴県と同じようにフォンをうたうことが盛んなことを知り、努力を重ねてその年のフォンの祭のシーズンが終わる頃には、フォンを聞き取れるようになり、次の年の祭のシーズンには、隣県のフォンをうたうことができるようになったと語った。

　藍光明が隣県のフォンを習得しようとしたのは、隣県のフォンが美しいからでも興味深いからでもない。それを習得していないと周囲から孤立してしまうと感じたからである。彼の住む武鳴県ではフォンをうたえることが人と交際する際の要件のひとつとなっている。フォンは同じ「シ（ciz）」に属していたり同じ村の者同士の間ではうたうことはない（手塚 1990）が、村の外の者と友達づきあいをする際には、相手のうたうフォンに気の利いたフォンで応じることが必要となる。初対面の者同士はまずフォンをお互いにうたい合って相手の歌の技量や性格を判断し、彼が自分と交際するにふさわしい人物かどうかを判断する。そのためフォンがうたえない者はそれがうたえる者に比べて交際範囲が狭くなってしまうのである。さらに本来ならばつきあいをする際にフォンが必要のない村の中においても、フォンをうたえない者は、村の外の者とつきあうこともできないような愚か者だという評価をされ、村の人からも軽んじられる。フォンをうたえない者は村の外においても村の中においても肩身の狭い思いをしなければならない。

　隣県のフォンのあり方が武鳴県と同じ様なものであるのなら、藍光明は生活空間を隣県に移動することによって、彼のいままでの交友関係を失うばかりではなく、交友関係をつくっていくための手段をも失ってしまうことになる。彼はそのことに気づいて隣県のフォンを習得する努力を重ねたのだといえるだろう。

儀礼におけるフォンの掛け合い

　武鳴県東部地域の壮族は、各々の儀礼の持つ意味づけに即して、「niemh（となえる）」「diuq（うたいながら舞う）」「gangj（語る）」「eu（うたう）」と称さ

れる四種類の言語表現を、使い分けている。

「eu エウ」という言語表現を用いる儀礼には、春期もしくは秋期に行われる歌掛け祭、結婚式、葬式などがある。武鳴県東部の壮族であれば、これらの儀礼の際には上手下手はあったとしても、「エウ」という言語表現ができることが期待される。

とはいえ、彼らは誰とでもフォンを掛け合うわけではない。彼らがフォンを掛け合う際のうたう/うたわないという選択の仕方には、個人の好みを超えたある種の規範がみられるのである。この章では、彼らが「エウ」という言語表現を用いる結婚式や葬式、歌掛け祭を例にとって、彼らのうたう/うたわないという選択の仕方を記述し、あわせて彼らにとって「エウ」という言語表現は、どのようなものなのかを考えてみたい。

結婚式

武鳴県東部の壮族の人々は、その人生のうちで二度大きな節目を迎える。結婚に際して行われる儀礼、死に際して行われる儀礼がそれに相当する。これらの人生の節目に際して彼らはシ (ciz) の成員や親戚、知己を招いて儀礼を行うが、その儀礼の場で欠かせないのがフォンの掛け合いである。むろん武鳴県東部の全ての人々が無条件にその儀礼の場でフォンの掛け合いを行えるわけではなく、後述するように、その儀礼においてフォンの掛け合いが許されるカテゴリーにその儀礼を迎える当人が含まれていること、さらに中国共産党の政権下となってからは時の政府の政策でフォンを掛け合うことが許容されていることが、各儀礼の際にフォンが掛け合わされるための前提条件である。

単姓村の場合

譚村は賓陽県からやって来た譚福海を始祖とするシで構成されている戸数154戸の村である。譚村の譚姓シは、賓陽県にその本拠地を持つ譚姓のシのファン (fanz) にあたるが、譚村の内部でも、さらに三個のファンに分かれている。

表1は、譚村で1949年から1975年の間で行われた結婚の儀礼と、その儀礼の場で行われたフォンの掛け合いについて記述したものである。

さてこの表1に挙げた6例のうち譚D、譚E、譚Fの3例が、フォンの掛

表 I　譚村における結婚儀礼とそのフォンの掛け合い

No	姓名	結婚した年	妻の出身地	フォンの掛け合いの有無	その理由
1	譚 A	1949 年	羅波郷陸元村	○	
2	譚 B	1952 年	羅波郷陸台村	○	
3	譚 C	1953 年	羅波郷欧張村	○	
4	譚 D	1962 年	羅波郷蒙黄村	×	困難時期
5	譚 E	1969 年	羅波郷上黄村	×	文革
6	譚 F	1975 年	羅波郷蒙黄村	×	禁歌

け合いを行っていない。その理由を挙げると、1962年に結婚した譚Dがフォンの掛け合いを行わなかったのは、1961年から1963年まで中華人民共和国でおこった全国的な物質の欠乏とそれにともなった節約運動のためであり、1969年に結婚した譚Eおよび1975年に結婚した譚Fがフォンの掛け合いを行わなかったのは、1965年に始まった「文化大革命」のためである。

　「文化大革命」の間、封建的な遺物として各種の慣習が批判の対象とされたが、フォンの掛け合いもそのひとつとして攻撃の対象とされた。1976年に「文化大革命」は一応収束したが、中国政府が公式の声明をだし、フォンを掛け合うことの意義を認めたのが1979年[8]、広西壮族自治区政府がフォンを掛け合うことを壮族の持つ美風として推奨しはじめたのは1984年[9]のことである。武鳴県においても1965年から1979年の間はフォンを掛け合えば、即殺害や批判の対象となりかねなかったという。彼らが安心してフォンの掛け合いができるようになったのは1986年からである。

　一方、時の政府の政策に干渉されなかった譚A、譚B、譚Cの3例は、その結婚の儀礼でフォンを掛け合っている。1953年に結婚した譚Cを例にとって、結婚の儀礼におけるフォンの掛け合いについて記述しよう。

　譚Cは1956年に羅波郷欧張村から妻を迎えた。この日の昼過ぎより譚C家では、譚村の譚姓の第1ファンの成員、婚出していった彼の姉妹、あるいは彼の母の生家の者が訪れ宴が始まった。この宴が一段落すると譚Cは、花嫁を迎えるため、彼と同年代の譚村の男性の友らを引き連れて欧張村へ出かけた。欧張村でも同じように宴がたけなわであったが、譚Cが到着すると花嫁の弟に椅子やベッド等の花嫁道具を担がせ、さらに花嫁の姉妹や欧張村の娘達をつけて花嫁を送り出した。譚Cと花嫁達が譚村に戻って来ると、結婚の儀式が

行われ、続いて再び宴がはられた。昼間に譚Cの家で行われていた宴に招かれていた人たちに加えて、譚村の第1ファン以外の譚姓に属する男性達が自発的に集まって来た。これから花嫁に従ってやって来た欧張村の娘達（これを「陪娘」という）とフォンの掛け合いが始まるのである。花嫁側ではあらかじめこのことを予測して、フォンの上手な女性を「陪娘」に入れておく。この欧張村の「陪娘」と譚村の男性達は明け方までフォンを交わしあったという。

この事例でフォンを掛け合っているのは、新郎の居住する譚村の譚姓の男性達と花嫁に従ってやって来た欧張村の欧姓および張姓の娘達である。1949年に結婚した譚Aと1952年に結婚した譚Bの事例でも、それぞれその花嫁に従ってやって来た「陪娘」と譚村の譚姓の男性達がフォンを掛け合っている。

さて、譚Aから譚Fの事例がすべて譚姓以外の女性と結婚していることが示すように、譚姓はそのシ内部で通婚しない。譚村は譚姓のみで構成されている単姓村であるから、結婚の儀礼におけるフォンの掛け合いも譚村と譚村が通婚する村の間で行われ、譚村内部では行われないといえるだろう。

複姓村の場合

橋北村は、黄姓、李姓、黄姓の異なったシから構成されている複姓村である。李姓と黄姓はそれぞれのシ内部では通婚をおこなわないが、李姓と黄姓の間では通婚をおこなう。

表2は、この橋北村で1945年から1987年の間に行われた結婚の儀礼と、その儀礼の場で行われたフォンの掛け合いについて記述したものである。この表2に挙げた6例のうち、李H、李I、黄J、李Lの4例が、フォンの掛け合いを行っている。この4例の結婚の儀礼の場で行われたフォンの掛け合いの様子は、ほぼ前述した譚Cと同様であるが、新郎側のうたい手が、譚Cの事例とは異なっている。

1949年に結婚した李Iは、その妻を陸幹鎮盧覃村から迎えた。彼の結婚の儀礼の場でフォンを掛け合ったのは、花嫁に従ってやってきた盧覃村の娘達と橋北村の男性達であったが、その際に新郎側のうたい手のリーダーとなったのは、橋北村の黄Mであったという。李H、黄J、李Lの事例も李Iの事例と同様に、新郎側のうたい手は新郎の属するシの成員に限らず、橋北村に居住する男性達から構成されていた。

表2　橋北村における結婚儀礼とそのフォンの掛け合い

No	姓名	結婚した年	妻の出身地	フォンの掛け合いの有無	その理由
1	李G	1945年	陸幹鎮橋北村（黄姓）	×	同じ村の者同士ではフォンの掛け合いをしない
2	李H	1947年	陸幹鎮覃内村	○	
3	李I	1949年	陸幹鎮廬覃村	○	
4	黄J	1963年	陸幹鎮文桐村	○	
5	李K	1981年	陸幹鎮陸幹街	×	
6	李L	1987年	陸幹鎮人和村	○	

　橋北村では「花嫁は必ずうたい手をともなって来るので、花嫁がやって来ることがわかると、村中の男性は自発的に結婚式の場に集まって来る」ものだとみなされている。新郎側のうたい手となるのは、新郎の属するシの成員であるというより、その村の成員であることが必要であると考えられているのである。

　ところでこの6例のうち、李Gと李Kの2例がフォンの掛け合いを行っていないが、李Kの事例の場合は「文化大革命」の余韻によるものと考えられるだろう。

　さて李Gの事例であるが、これは時の政府の政策に左右されたものではない。李Gは1945年に橋北村の黄姓から妻を迎えた。この際彼の妻は嫁入り道具を携え「陪娘」も伴ってきたが、その宴では「同じ村の者同士ではフォンの掛け合いはしない」という理由から、フォンの掛け合いはなかったという。

　李Gの事例と同様に、1954年に同村内の李姓から妻を迎えた陸幹鎮覃李村の覃N、あるいは1950年に同村内の覃姓から妻を迎えた陸幹鎮覃李村の王Oも「同じ村の者同士ではフォンの掛け合いはしない」という理由から、その結婚の宴ではフォンの掛け合いはなかったという。

　複姓村では、互いに村の成員である者同士が結婚した場合、結婚の儀礼でフォンの掛け合いは行われないのである。

死者儀礼

武鳴県東部では、成人に達した者が死亡すると、死者を弔う儀礼を行う。しかし全ての者が同じようにその儀礼を受けるのではなく、その死の迎え方によってその儀礼はおよそ3段階に分類されている。仮にそれを「悪い死」「普通の死」「良い死」とよんでおく。

「普通の死」とは、「悪い死」あるいは「良い死」には相当しないものを指している。「普通の死」では、金銭的余裕があれば宗教者「コンセイ (goeng-sae)」による葬式をおこない、その後に、死者の息子が属するシの成員が中心となって、死者を埋葬する。

「悪い死」とは、死者が自分の屋敷内で死ぬことのできなかった死のことを指している。これは屋外での不慮の事故による死を指すことが一般的であるが、入院先の病院で死亡した場合もこれに準ずる扱いを受ける。このような「悪い死」の場合、通常(「普通の死」)の儀礼を行う前に、コンセイを招いて「サン・サウ・ヨウ (cuengq cauq youz)」と呼ばれる儀礼を行う。

「良い死」とは (1)「正常死」であること、(2) 死者が60歳以上であること、(3) 死者の子供と孫が生存していること、といった条件を満たしているものをいう。「良い死」の条件を満たしている死者に対しては、コンセイによる葬式、シの成員による埋葬の他に、うたい手によってフォンの掛け合いがおこなわれる。

90歳で亡くなった彼の母のために、その儀礼を1982年に行った譚Cを例にとって、その死者儀礼とうたの掛け合いについて記述しよう。

単姓村の場合

1982年に譚村の譚Cの家で、羅波郷陸台村出身の彼の母が亡くなった。母が亡くなるとすぐに、母の生家にその死を知らせたところ、母の弟が譚Cの家を訪れその死体を検分し、その死因が婚家の虐待によるものではないことを確認した。そこで譚Cは彼の母が「良い死」の条件を満たしていることから母を弔う儀礼でフォンを掛け合いたいので、母の生家側のうたい手をひとり用意するように母の弟に依頼した。さらに譚Cは羅波郷上黄村に嫁いだ彼の妹に対して、喪主側つまり譚家側のうたい手をひとり用意するように依頼した。

出棺の前日、譚村の譚姓の第1ファンの成員や、譚Cの母や妻の生家の者

僧　侶

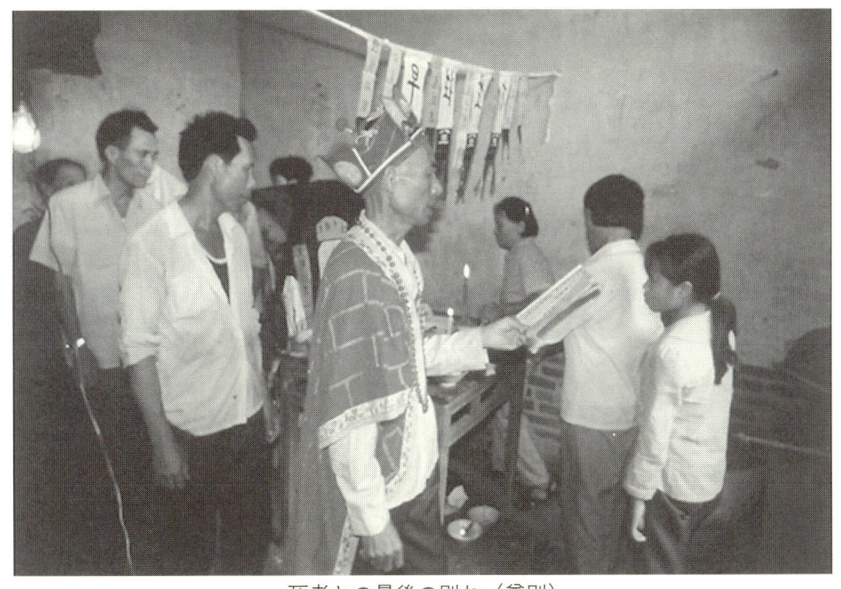

死者との最後の別れ（奠別）

53

が集まり、フォンの掛け合いが始まった。フォンの掛け合いは、譚Cの母の弟が母の生家側のうたい手として招いた陸台村の男性と、譚Cの妹が譚家側のうたい手として招いた上黄村の男性の間で行われた。

　死者を弔う儀礼の際にうたい交わされる「フォン・サン（fwen sang）」は、死者の息子が母方オジの指導のもとで亡くなった母の恩に報いていく過程をうたったものである。譚家で行われたうたの掛け合いは、実際には譚Cの母の弟が招いた陸合村のうたい手と譚Cの妹が招いた上黄村のうたい手の間で行われたものであるが、観念の上では、譚家と譚Cの母の生家の間で行われたものだといえるだろう。

　一方、この儀礼で母の生家側および喪主側のうたい手となった者は、譚Cの母の生家や妹の嫁ぎ先の家の者ではなかったという。死者儀礼でフォンを掛け合う者は、死者の父系親族や親戚であってはいけない、さらに言えば死者と面識があってはならないと考えられているのである。したがってそれぞれのうたい手は、その死者の生家のある村あるいはその死者の娘の嫁ぎ先のある村の成員であるという資格で、生家側および喪主側のうたい手となるのだと考えられる。

複姓村の場合

　死者を弔う儀礼でフォンを掛け合うためには、前章で述べたようにいくつかの条件が必要であり、また時の政府の政策によって永らくフォンの掛け合いが禁止されていたこととあいまって、実際にその死者の儀礼でフォンが掛け合わされることは稀であった。橋北村でも久しく死者儀礼でフォンの掛け合いは行われていない。さらに彼らの語るところによれば「橋北村で死者儀礼を行う際には、橋北村の者はそのうたい手にはならない（したがって、橋北村の村内では橋北村の者のフォン・サン（哀悼歌）を聞くことはできない）」のであった。

　この橋北村の慣習は、ある一面では、単姓村である譚村の場合と同じである。譚村においても実際に死者の儀礼でフォンを掛け合うのは、死者の生家のある村と死者の娘の嫁ぎ先の村の歌い手、つまり譚村以外の村のうたい手であったからである。

　しかし橋北村が複姓村であり村内婚を行っていることから、橋北村におけるフォンの掛け合いが譚村のそれと全く同じ形をとるのは、その母の生家と娘の

嫁ぎ先が共に橋北村以外にある場合に限られるとも推測できるだろう。

事例 1　李 G 家の婚姻関係

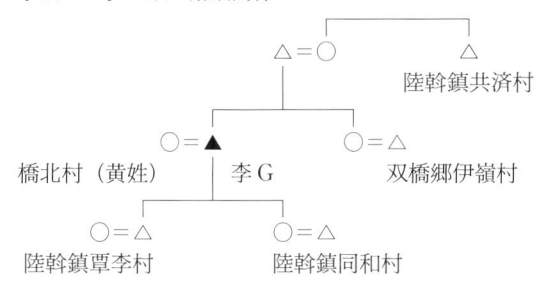

```
                    △＝○        △
                              陸幹鎮共済村
        ○＝▲          ○＝△
   橋北村（黄姓）  李 G    双橋郷伊嶺村
    ○＝△        ○＝△
  陸幹鎮覃李村   陸幹鎮同和村
```

事例 1 は橋北村の李 G 家の婚姻関係を表したものである。李 G 家では李 G（▲）が橋北村内の黄姓からその妻を迎え、李 G の娘は陸幹鎮同和村へ婚出している。いま仮に李 G の妻が死者の儀礼を受けるにふさわしい資格を得ているとしよう。フォンは喪主側のうたい手である李 G の娘の嫁ぎ先である同和村の者と、李 G の妻の生家側のうたい手である橋北村の者で掛け合えばよい。しかしこのフォンの掛け合いは、観念上は李 G の息子の村と李 G の息子の母の生家のある村との間で行われるべきものである。李 G の息子の母すなわち李 G の妻の生家は橋北村内にあるので、「同じ村の者同士はフォンの掛け合いをしない」という規範によって、李 G の妻はその子供達および彼女の生家からフォンの掛け合いを送られることはないと考えられるだろう。

事例 2　李 H 家の婚姻関係

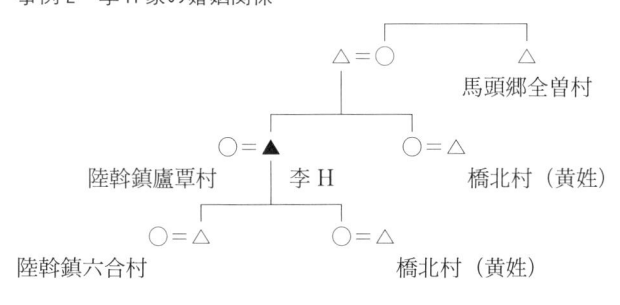

```
                    △＝○        △
                              馬頭郷全曽村
        ○＝▲          ○＝△
   陸幹鎮廬覃村  李 H    橋北村（黄姓）
    ○＝△        ○＝△
  陸幹鎮六合村   橋北村（黄姓）
```

55

事例2は橋北村の李H家の婚姻関係を表したものである。この李H家では、李H（▲）の娘と妹が橋北村の黄姓に嫁いでいる。いま仮に李Hの母が死者の儀礼を受けるにふさわしい資格を得て、その儀礼の場でフォンを掛け合うとしよう。李Hの母の生家側のうたい手には母の生家のある馬頭郷全曽村の者があたり、喪主側のうたい手には妹の嫁ぎ先の村の者が当たらねばならない。ところが李Hの妹は橋北村内の黄姓に嫁いでいるので、喪主側のうたい手に橋北村の者が当たらなければならなくなってしまう。

橋北村は李姓、黄姓、黄姓の異なったシより構成されている村であるが、喪主の父系親族およびその拡大されたカテゴリーであるファンやシの成員は、喪主側のうたい手となることはできないので、喪主側のうたい手となることができるのは、李Hの妹の嫁いだ黄家以外の黄姓の者である。一方黄姓は橋北村に移住してきた当初から李姓と通婚していたと伝承しており、今もなお両姓は頻繁に婚姻関係を結んでいるから、李Hの母とどこかで「親戚」関係にある可能性が高い。さらに黄姓の者が同村内に長年定住していた李Hの母と疎遠であると考えにくい。

橋北村もさきに挙げた譚村の場合と同様に、死者と「親戚」関係にある者あるいは死者の知己である者は、その死者の儀礼でフォンを掛け合うことはできないと見なされている。したがって李姓の死者儀礼においては、黄姓の者は喪主側のうたい手となることはできないのである。

観念上ではその死者の儀礼においてフォンを掛け合うことが可能であるのに、娘の嫁ぎ先がその母の嫁ぎ先と同村であるために、実際上にはフォンの掛け合いを行うことができない場合には、村外からそのうたい手を招くという。

死者を弔う儀礼におけるうたい手の選択が、単姓村で村外婚を行う村と等しいあり方をとる場合でも、複姓村で村内婚を行う村と等しいあり方をとる場合でも、橋北村の人々はそのうたい手とはならない。彼らのいう「橋北村で死者の儀礼を行う際には、橋北村の者はそのうたい手にはならない」とは、この両者について語った言葉なのである。

　　　歌掛け祭
武鳴県東部の人々は、毎年春と秋に特定の場所に集まって、互いにフォンをうたい交わす祭を行う。春の歌掛け祭は旧暦の三月三日（那羊村）に始まり、

歌掛け祭

九日（文桐村、覃李村）、十三日（羅波街）、十五日（橋北村）、二〇日（苞橋村）、四月四日（敬三村）、五日（馬頭街）、八日（天馬村）と続き、十六日（仁合村）で幕をとじる。

　これらの歌掛け祭には多くの人々が村外から集まってくる。「歌墟分布表」（過偉 1991：304）によれば、橋北村の「歌墟」に8,000人、文桐村、覃李村にそれぞれ6,000人、羅波街に10,000人、苞橋村に4,000人の人出があるという。これらの人出は村の人口の数倍にあたる。一方、この歌掛け祭には祭祀組織は存在しなく、また特定の宗教的儀礼も行われない。一見すると、歌掛け祭には、人々が集うための核となるものが欠けているにもかかわらず、多くの人が集まってくるのはどうしてだろうか。

事例 3 (M 家)

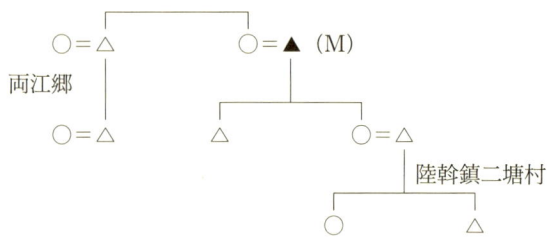

○=△　　○=▲ (M)
両江郷
○=△　　△　　○=△
　　　　　　　　　陸幹鎮二塘村
　　　　　　　　○　△

事例 4 (N 家)

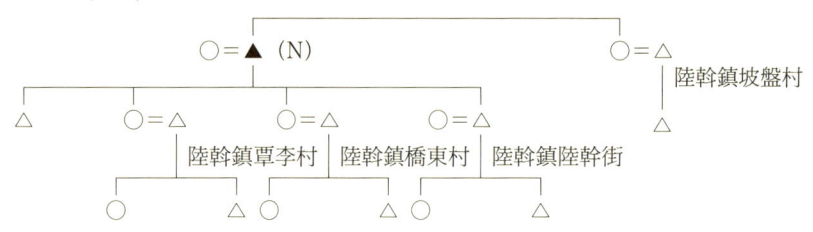

○=▲ (N)　　　　　　　　　　○=△
　　　　　　　　　　　　　　　陸幹鎮坡盤村
△　○=△　　○=△　　○=△　　△
　　陸幹鎮覃李村　陸幹鎮橋東村　陸幹鎮陸幹街
　○　△　　△　△　　△

事例 5 (O 家)

○=△　　○=△
城厢郷
○　△　　○=▲ (O)

　事例3、4、5は、1985年の橋北村の歌掛け祭の日に、村内のM、N、Oの家を訪れた者を示している。

　M家（事例3）では、両江郷にある彼の妻の生家の者と、陸幹鎮二塘村へ嫁いだ彼の娘の子供達が訪れ、N家（事例4）では、陸幹鎮坡盤村へ嫁いだ彼の姉の家族と陸幹鎮覃李村、陸幹鎮橋東村、陸幹鎮陸幹街へ嫁いだ彼の3人の娘の家族が訪れ、O家（事例5）では城厢郷にある彼の母の生家の者が訪れている。

　橋北村に生れ、結婚後も村に定住している男性を基点におくと、彼の母や妻の生家あるいは彼の姉妹や娘の嫁家の人々が、歌掛け祭に橋北村を訪れている。

　橋北村では歌掛け祭にやってくる人を指して「この祭にやって来るのは、こ

の家から（嫁や婿に）出て行った者とこの家に（嫁や婿として）入って来た者の家族たちだ」と表現している。

このことから、歌掛け祭の日に村にやってくることを期待されているのは、婚姻によって村の個々の家と結びついた人々であるといえよう。

フォンを掛け合う人々

先に述べたように、歌掛け祭には村の個々の家へ、その家と婚姻関係によって結びついた人々がやってくる。しかし村の親戚の家を訪れた人々は、その家でフォンを掛け合うことはない。それらの人々は彼の親戚の家でごちそうになるとその家を後にして、気の向くままに他の人が掛け合うフォンを聞いたり、相手を探してフォンを掛け合ったりして夜を過ごす。視点を村に転じれば、村の個々の家と婚姻関係で結びついている人々が村中を自由に動き回っている状態にあるといえよう。フォンはこれらの人々の出会いのなかでうたい交わされる。

このように歌掛け祭では、フォンは婚姻関係によって直接的に結びついた個々の家の間ではなく、個々の婚姻関係の集積のなかで交換される。それではフォンはどのような規範にしたがってうたい交わされているのだろうか。

表3　歌掛け祭における歌の掛け合い　1989年

No	祭の所在地	男性の歌い手	女性の歌い手
6	橋北村	陸幹鎮橋北村	両江郷
7	覃李村	羅波郷羅波街	陸幹鎮覃李村
8	天馬村	羅波郷羅波街	羅波郷務定村
9	天馬村	陸幹鎮陸幹街	羅波郷板欧村

事例6では橋北村の男性と他村の女性がフォンの交換をしている。これは妻を迎える夫の村の男性と、妻の村の女性がフォンを交換する結婚式と同じパターンである。しかし事例7では村の女性と他村の男性との間でフォンの交換がされている。歌掛け祭を行う村に住む男性だけが他村の女性と「フォン」の交換を行うのではなく、村に住む女性もまた他村の男性とフォンの交換を行うのである。一方、事例8、9でフォンの掛け合いを行った男女はともに、歌掛け

祭の行われた天馬村の者ではない。フォンの交換は、他村の者同士でもなされるのである。

　これらの事例から、歌掛け祭におけるフォン掛け合いは、祭を行う村と他の村の者同士の間で、あるいは祭りにやってきた他村の者同士でなされるといえるだろう。一方それとは対照的に、歌掛け祭を行う村の者同士がフォンを交換する事例、他村の歌掛け祭で同じ村の者同士がフォンを交換する事例は、武鳴県東部地域ではみられないようである。

フォンの掛け合いとその規範

　通過儀礼におけるフォンの交換は、異なった共同体に属する男女が婚姻関係を開始する結婚式と、その婚姻関係を終了させる葬式において行われる。歌掛け祭におけるフォンの交換は、祭をおこなう共同体に属する男女と、それと婚姻関係によって結びついている共同体に属する男女が、集合する空間において行われる。

　婚姻関係で結びついたふたつの共同体は、婚姻関係の開始と終了を告げる儀礼では直接的にフォンを交換し、毎年行われる祭では間接的にフォンを交換する。その一方で、フォンは通過儀礼においても年祭においても、外婚単位であるファンやシの成員の間や村の成員の間では交換されない。ある種の成員権を共有している者の間ではフォンは交換されないのである。

　また歌掛け祭や葬式においては、親戚関係にある者、互いに知己である者の間でフォンを交換することを忌避している。成員権を共有する関係ではないが、親密な仲間意識をもつ人々の間でもフォンは交換されない。

　以上を要約すると、通過儀礼や歌掛け祭において用いられる「エウ」という言語表現は、直接的もしくは間接的に婚姻関係にあって、いまだ親密な仲間意識を持つにいたらない人々の間で用いられるものであるといえよう。

武鳴県東部地域の婚姻

　壮族の社会では同じ父系出自集団に属する者同士は通婚できないと考えられているので、結婚相手は自分の属する父系出自集団（シ）以外から選ばなければならない。また他の民族との婚姻は避けるべきだと考えられていた。したがって彼らの通婚対象は壮族であって同じ父系出自集団に属さない者となってい

る。さらに現在の法律ではすべてのイトコ婚が禁止されているが、彼らの伝統的な観念では、父方平行イトコ婚が強く忌まれている一方で、交差イトコ婚は好ましいものと見なされてきた。

それでは具体例をあげながら、武鳴県東部地域の通婚について、検討してみよう。

図2　A家

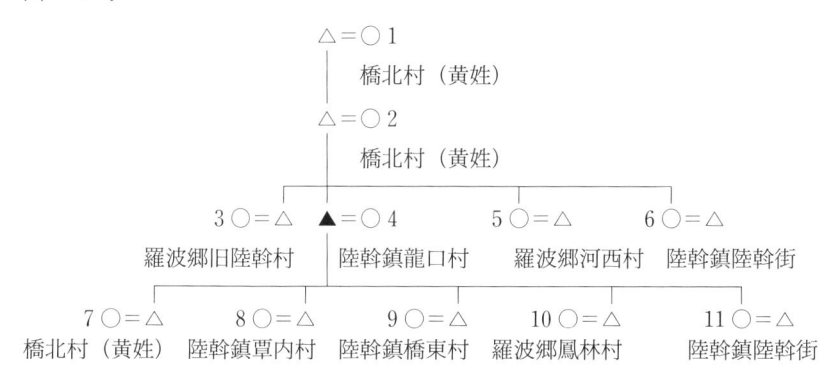

```
            △＝○ 1
            橋北村（黄姓）
            △＝○ 2
            橋北村（黄姓）
   ┌─────────┬────────┬────────┐
  3○＝△   ▲＝○ 4    5○＝△    6○＝△
  羅波郷旧陸    陸幹鎮龍口村  羅波郷河西村   陸幹鎮陸幹街
  幹村
 ┌──────┬──────┬──────┬──────┐
 7○＝△  8○＝△  9○＝△  10○＝△  11○＝△
 橋北村    陸幹鎮覃内村  陸幹鎮橋東村  羅波郷鳳林村  陸幹鎮陸幹街
 （黄姓）
```

図2は陸幹鎮橋北村のAの親族図である。A（▲）は1924年生まれの男性である。彼の祖母1は橋北村の黄姓の出身であり、彼の母2も同じ橋北村の黄姓の出身である。さらに彼の息子の妻7も橋北村の黄姓の出身である。このように村内の異姓と数代にわたって婚姻を続ける例は、比較的よく見られる。同村内の異姓と婚姻を重ねていくことに特別の意味を付与する者も多い。

さてA自身は陸幹鎮龍口村から妻4を迎えている。彼の兄弟は羅波郷旧陸幹村から妻3を迎え、彼の姉妹5・6は、羅波郷河西村と陸幹鎮陸幹街へ婚出している。彼の息子たちは陸幹鎮覃内村、陸幹鎮橋東村、羅波郷鳳林村から妻8・9・10を迎え、娘11は陸幹鎮陸幹街へ婚出している。

ところでA家の4・6・8・9・11は陸幹鎮に属する村同士で通婚しているが、このように近隣の村間で婚姻関係を結ぶことを、「十里八方」と結婚するという。Aの村では「十里八方」の村との通婚が最も一般的であると考えられている。

またA家の3・5・10は、羅波郷に属する村と通婚している。橋北村では、

羅波郷、馬頭郷、両江、城廂郷に属する村と婚姻関係を結ぶことを「東部」と結婚するといい、「十里八方」についで好まれる婚姻となっている。

表1は橋北村の10の家系の3世代内の通婚先を示したものである。総数91例のうち、橋北村内で通婚したもの12例、「十里八方」で通婚したもの44例、城廂郷、両江郷、羅波郷、馬頭郷、のいわゆる「東部」内で通婚したもの27例、武鳴県内の他郷と通婚したもの4例、広西壮族自治区内の他県と通婚した

表1　橋北村の10の家系の通婚先

通婚先＼家系	村内	陸幹鎮	城廂郷	両江郷	羅波郷	馬頭郷	県内	区内	区外	計
1	4	5	1		4	1				15
2	3	5	1		4					13
3	1	3								4
4		2	1		1					4
5	1	6	3				1			11
6	1	7	1			1		1	2	13
7		7			1					8
8	1	4	1	1			2			9
9	1				2	1	1		1	7
10		4	3							7
計	12	44	11	1	12	3	4	1	3	91

もの1例、自治区外の他省と通婚したもの3例である。

ここで通婚先として最も選択数が多いのは「十里八方」であり、ついで「東部」内、さらにそれに橋北村内が続いている。通婚先のこのような選択は、先にあげたA家の選択と一致しているといえるだろう。

図3は羅波郷羅波街のC家の親族図である。C（▲）の祖父は羅波郷梁彭村から妻12を迎え、彼の父は陸幹鎮橋東村から妻13を迎えている。Cは羅波郷板欧村から妻14を迎え、彼の兄弟は馬頭郷暮陽村から妻15を迎えた。彼のふたりの娘は羅波郷羅波街16、羅波郷四夏村17へ婚出した。もうひとりの娘は嫁を広東省や福建省へ紹介する業者の仲介を得て、福建省18へ婚出した。[11)]

C家では16が同村内と通婚し、12・14・17は羅波街の「十里八方」と認識

図3　C家

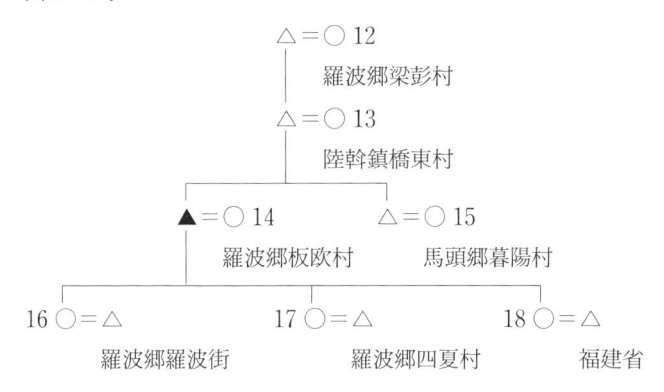

```
         △=○ 12
         羅波郷梁彭村
         △=○ 13
         陸幹鎮橋東村
    ▲=○ 14      △=○ 15
    羅波郷板欧村   馬頭郷暮陽村
16 ○=△    17 ○=△     18 ○=△
羅波郷羅波街  羅波郷四夏村    福建省
```

されている近隣の村と通婚し、13は陸幹鎮に属する村と、15は馬頭郷に属する村と通婚している。陸幹鎮、馬頭郷はともに羅波郷から見れば「東部」にあたる地域である。

　以上見てきたように、陸幹鎮に属する事例（図2、表1）においても、羅波郷に属する事例（図3）においても、彼らの通婚相手は、Ⅰ同村内（同一父系出自集団は除く）、Ⅱ「十里八方」と称される地域内、Ⅲ「東部」と称される陸幹鎮、城廂郷、両江郷、羅波郷、馬頭郷に属する地域内、Ⅳその他の遠方、の4種に大別できる。

　さてⅠ、Ⅱ、Ⅲはともに武鳴県東部地域内との通婚例であり、その総数はⅣ（その他の遠方）に勝っている。概数をとれば、武鳴県東部地域の通婚圏は、陸幹鎮、城廂郷、両江郷、羅波郷、馬頭郷にほぼ限定されているといえるだろう。そしてこの通婚圏は親が決める結婚においてのみ見られるのではなく、「フォン」の掛け合いを通して結婚に至った唯一の例[12]においても見られるのである。

63

韋抜群にみえたもの

　私はこのフィールドワークを、韋抜群というひとりの若者が、それまでその地域でほとんど知られていなかった「平等で民主的な社会」という新しい理念を、「土地の歌」にのせてうたうことで、時の政府を恐怖に陥れるほど広めることができたという聞き書きに触発されて始めた。

　注意してみると、小さな韋抜群は、私の調査地のあちこちに見え隠れしていた。やがて新しい知識や考え方は、「土地の歌」であるフォンに載せてうたわれることによって始めて、人から人へと伝わることが私に見えてくるようになると、「土地の歌」には他の言語コミュニケーションの方法にはない、特別な能力があるのではないかと考えるようになった。

　「コミュニケーションするつもりのない相手とはコミュニケーションできない」という北村の指摘は、私たちの日常の経験に照らし合わせても、充分納得できる見解である。彼は、コミュニケーションが成立するための条件として、受け手が送り手にたいしてコミュニケーションしようという身構えにはいることをあげている（北村 1984：46）。この論を壮族の社会に引きつけて考えてみるならば、「土地の歌」の特別な能力とは、コミュニケーションしようという身構えのない受け手に、その身構えをさせる能力に他ならないだろう。

　そこで私は武鳴県のフォンを事例として扱いながら、コミュニケーションしようという気持ちを受け手から引き出すことのできる「土地の歌」という仕組みを明らかにしたいと考えたのである。

　武鳴県の人々は、歌をうたうことを「シイエン・コ」と「エウ・フォン」に分けている。曲ごとに旋律と歌詞があらかじめ決められている歌を声に出してうたうことを、シイエン・コという。コはラジオやテレビを通して、彼らの生活の中にも入ってきているが、彼らはこれに対してほとんど興味を示さない。

　一方、あらかじめ決められた旋律にのせて、即興で歌詞を作りながら声に出してうたうことを、エウ・フォンという。エウ・フォンは、うたうべき旋律を一種類もしくは二種類しか持たないこと、またあらかじめ決められた歌詞がないので、歌い手はフォンの歌詞を作らねばならないところが、シイエン・コと異なっている。武鳴県の人々は機会があるごとにエウ・フォンする。彼らにとってうたうとは、シイエン・コではなくエウ・フォンである。

　さて武鳴県の南部地域でうたわれるフォンと東部地域でうたわれるそれと

は、テキスト上で分析される詩型のうえでは、共に20の詞から構成され、韻を踏む箇所も同じである。しかし旋律に目を転じると、南部のフォンが簡素な音構成であるのにたいして、東部のフォンはその倍以上の規模を持つなど、明らかに異なったものとなっている。

　各々の地域では、この旋律と詞の長さの違いを調節するために、詞の前後に音節をおいており、それが各々のフォンに特色ある詞と音節の組み合わせを与えている。しかし人々は慣れ親しんだ詞と音節の組み合わせでなければ、どれが詞でどれが音節であるかを聞き分けることができない。また韻を踏む場合も音の数で数えると、それぞれの地域ごとに異なった場所で踏まなければならない。そのために東部の人も南部の人も共に、自分の属する地域以外のフォンを、聞いたりうたったりすることができない。

　さてこのフォンの掛け合いは、武鳴県東部地域では、異なった村に属する男女が婚姻関係を開始する結婚式とその関係を完了させる死者儀礼という通過儀礼の場において、あるいは婚姻によって結びついている村々に属する男女が集合する歌掛け祭において、行われる。

　婚姻によって結びついた村は、婚姻関係の始まりと終わりを告げる通過儀礼では直接的にフォンを交換し、毎年行われる祭では間接的にフォンを交換している。換言すれば、これらの機会に交わされるフォンの掛け合いの相手とは、直接的にあるいは間接的に婚姻関係にある者から選択されているのである。

　視点を転じて彼らの婚姻関係を検討すると、壮族の社会では同じ父系出自集団に属する者同士は通婚できないと考えられているので、結婚相手は自分の属する父系出自集団以外から選ばなければならない。また他の民族との通婚は避けるべきだと考えられていた。したがって彼らの通婚対象は、壮族であって同じ父系出自集団に属さない者に限定される。

　武鳴県東部地域では主な通婚先を、同村内、「十里八方」、「東部」においている。同村内での婚姻は好ましいものとされているが、その数はそれほど多くはない。最も一般的な通婚先が「十里八方」という言葉で示される同じ郷（鎮）に属する村々であり、それについで多い通婚先が東部という言葉で示される地域である。東部とは武鳴県東部地域からその人の住む郷を除いた地域を指している。彼らの通婚圏は東部の外へは広がらない。武鳴県東部地域の人々の通婚圏は東部地域に限定されているのである。

ここに述べたふたつの結論を重ねてみると、特有の詞と音節の組み合わせを持つフォンという言語コミュニケーションの様式が、ある通婚圏のなかで限定的に交換されていることがわかる。このことをフォンの側から見れば、この通婚圏を特定のフォンを共有する共同体とみなすことができるはずである。

　ある人がフォンをうたうとき、彼がうたったフォンは彼が発したメッセージとは別に、彼がある婚姻体系の中に組み込まれていること、さらにその体系の中で集積されてきた、さまざまな物事に対処する振る舞いの仕方を共有していることを明らかにする。フォンをうたうこととは、「声をだしてうたう」ことでもなければ、「うたうべき詩を作りながらそれを声に出してうたう」ことでもない。それはフォン共同体の感情と思考の回路の中で感じ考えるということなのである。

注

1) その「コ」とは「中華人民共和国歌」である。国民を国家にアイデンティファイさせるための装置である国歌にのみ彼らが関心をよせるという事実は、彼らがうたうという行為をどのように見なしているかを端的に表している。後に詳しく述べるが、彼らはフォンに自分たちの社会をアイデンティファイしているのである。
2) 漢字の造字法を真似て作った壮族独自の慣習的書き言葉。ただし統一した書記法は確立しておらず、地域や家系によって変異が大きい。
3) 中華人民共和国成立以降に制定されたアルファベット表記の壮語の書き言葉。ただし普及は進んでおらず、使いこなせる人はほとんどいない。
4) 音節のうち意味を付与されたものを詞とする。中国語学でいうところの詞は、形態素に近い概念である。
5) 壮族のフォンには、複数の形式がある。黄勇利は広西壮族自治区内に伝わるフォンの形式を、次のように分類整理している。(黄勇利、1983)
  - 「二句式短歌」　上下の二句から構成されているもの。上の句の最後の語(脚)と下の句の3番目の語(腰)で韻を踏む。諺の形式に由来する。広西の南部地域に分布する。
  - 「三句式短歌」　上の句の最後の言葉と中の句の3番目の語、中の句の最後の語と下の句の3番目の語で韻を踏む。広西の中部、西部地域に分布する。
  - 「四句式短歌」　1句目の最後の語と2句目の3番目の語、2句目の最後の語と3句目の最後の語と4句目の最初もしくはふたつめの語で韻を踏む。広西に普遍的に分布する。
  - 「八句勒脚歌」「勒脚」とは繰り返しを表す言葉で、1、2句目が、7、8句目に繰り返される。1句目の最後の語と2句目の4句目までの語、2句目の最後の語と3句目の最後の語、5句目の最後の語と6句目の4句目までの語、6句目の最後の語と7句目の最

後の語で韻を踏む。
- 「十二句勒脚歌」 1、2句目が7、8句に、3、4句が11、12句目に繰り返される。1句目の最後の語と2句目の3番目の語、2句目の最後の語と3句目の最後の語、6句目の最後の語と7句目の3番目の語、7句目の最後の語と8句目の最後の語、9句目の最後の語と10句目の3番目の語、10句目の最後の語と11句目の最後の語で韻を踏む。広西に普遍的に分布する。
- 「排歌」 4句以上であれば、句数の上限は決められていない。偶数句の最後の語で韻を踏む。広西に普遍的に分布する。

壮族のフォンの持つ形式は、押韻の仕方から見るならば、脚韻を踏んでいく「排歌」形式と、上の句の最後の語と下の句の最後の語を除いた任意の語で韻を踏んでいく形式(「二句式短歌」から「勒脚歌」)に分けることができる。この分類に従えば、武鳴県の壮族が持つフォンの形式は、まず腰と脚で韻を踏んでいく形式であり、さらにそのなかの「四句式短歌」と「十二句勒脚歌」に相当する。

6) 音楽的には両者の違いは装飾音の付加によるもので、構造的には同一であると考えられる。藤井知昭先生のご指摘による。

7) 父系親族以外の親族関係者を示すフォークターム。母方の親族、婚出女性の嫁ぎ先およびその子孫を指す。

8) 1979年4月に国家民族事務委員会、文化部および中国民間文芸研究会によって、全国少数民族民間歌手、民間詩人座談会が北京で開かれ、その席上「文化大革命」によって迫害された民間歌手と民間詩人の名誉の回復が行われた。

9) 1984年広西壮族自治区政府の主催で、壮族の伝統的な歌掛け祭である「三月三」が、南寧市で開催された。その後自治区主催の「三月三」は、1986年1987年に武鳴県の中心地である城廂鎮で開催され、その際には武鳴県東部の人々も多数参加した。

10) 祭文をとなえながら死体を、火にかけた鍋の上を通過させる儀礼。

11) 広西壮族自治区の外へ娘を婚出させる場合、結婚仲介商の手を経ることが多い。これを娘を「婚出させた」という人もいれば、「売った」と表現する人もいる。

12) これはフォンの掛け合いを通して結婚にいたった数少ない例である。陸幹鎮那羊村に生まれ育った彼が結婚したのは、城廂郷香泉村の娘である。ここでも彼の選んだ結婚相手は、彼の村から見れば「東部」にあたる地域の村の娘であった。

文献

黄勇利
　1983『壮族歌謡概論』広西民族出版社。

李方桂
　1956『武鳴土語(単刊甲種之19)』中央研究院歴史言語研究所。

Veiz Yijgyangz
　1982 *Fwen Uujmingz*. Gvangjsih minzcuz cuzbanjse.

北村光二
　1983「コミュニケーションとはなにか」『季刊人類学』19巻1号。

4
フォンを理解するということ

歌掛けを聞く人々（屋内）

テキスト作成の経緯

武鳴県のフォンを記録したもので公表されているのは、李方桂（李方桂 1956）、Veiz Yijgyangz (Veiz Yijgyangz 1982)、Hoz Gwngzvwnz (Hoz Gwngzvwnz 1985) の三冊のテキストである。これらのテキストは壮族の伝統的な書き言葉である方塊字を用いて記載されたテキストをもとに、作製されている。武鳴県の資料にかぎらず、公刊されたテキストに記載されたフォンは、句数も揃っており言葉づかいも上品であることが一般的である。しかし惜しいことに、それらは中心的な部分だけを採っていて、挨拶や相手を見定める部分を欠いている。というのも、そもそも歌い手のなかで伝承されてきたテキストが、普通それらの部分を欠くものとなっているからである。しかし実際の歌掛けでは、時間的な制約や好みの問題で、中心的な部分をうたわないうちに終えることはあっても、挨拶や相手を見定める部分をうたわないでフォンの掛け合いを終えることはありえない。

私は1986年から武鳴県を中心とした広西壮族自治区において、フィールドワークを行っている。フィールドワークを進めるなかで、私はテキストに記載されたフォンと実際に掛け合いの場でうたわれたフォンの間に、いくつかの面で質的な違いがあることを知った。そこでフォンの掛け合いの最初から終わりまで録音し、テキストを作りたいと願っていたが、残念ながらすぐにはその機会に恵まれなかった。

さきに公刊されたフォンのテキストはすでに存在する歌本をもとに作成されていると指摘したが、それは伝承されたテキストに記載されたフォンが洗練されているという他に、うたわれたフォンからテキストを作成することに、多大な労力が必要とされるからであった。

事の性質上、私ひとりの力でこの作業をやりとげることは不可能である。私は条件を満たす協力者が揃うのを待った。その条件とは、そのフォンがうたわれる現場に私とともに立ち会うこと、アルファベットで表記される壮語の書き言葉と伝統的な壮語の書き言葉である方塊字の両者に堪能であるということである。

1993年になって、幸運にもメンバーが揃うことになった。現代壮語の制定者のひとりである言語学者の韋星朗と地元の歌い手である将宏、韋仕花である。私たちは1993年の歌掛け祭のシーズンに、多くのフォンの掛け合いを録

音した。そして録音テープを検討した結果、苞橋村で録音したテープから、テキストを作成することになった。

テキストの作成は、録音の段階から2回目のテキストの解釈に至るまでの作業を共同で行うことになっていた。私たちは寝る間を惜しんでテープ起こしを続けた。作業の初期の段階では私たちの誰もがこの作業に夢中になっていたのである。しかしやがて注釈作業に入ると、将宏と私たち（私と韋星朗）の間に、秋風が吹き始めた。そしてそのことが、私にフォンのテキストを解釈することの難しさを、気づかせたのである。

ふたつの解釈

次にあげるのは、注釈作業のなかで問題となった（結局それは全てのフォンの問題でもあったのだが）フォンのひとつである。（以下、フォンの番号は「8、春の歌」の収録番号）

```
100        乞食は市が混乱するのが好きなものだ
           店先の皿をとる
           少ないのはいやだ。　多いのがよい
           帯を解いて満腹
```

異文化からやってきた私は、この地域の乞食の生活のありようを知らない。そしてそのためにこのフォンがわからないと考え、この地域の乞食の生活のありようを知りたいと思う。

民国の末期、しばしば匪賊がこのあたりの定期市を襲った。匪賊がやってくると店主は逃げ、露店は無人となった。乞食は無人となった露店を回り、好きなだけ飲み食いをしたものだという。

私は知識として得た民国期の乞食の振る舞いを手がかりにして、100のフォンを次のように理解する。

> 匪賊に襲われて定期市は大混乱に陥っている。乞食は無人となった店先から大盛りの皿を取っては食べる。満腹するまで食べる。

ところでこのフォンを受けた相手方は次のようにうたい返している。

101　　　シュウねえさんは名が通っている
　　　　早くから人と約束してある
　　　　余ったお粥を食べることを
　　　　あなたには回ってこない

　シュウねえさんは実在した人物であるが、私が東部地域で調査を始めたころには既に亡くなっていたらしい。シュウねえさんがどのような人物であるかを知らないと、このフォンはわからない。私はシュウねえさんについて知ろうとする。
　シュウねえさんは最近亡くなった鳳林村の乞食である。彼女は村に居ついた盲目の乞食だった。彼女はモノを貰うのが上手かったのだという。
　私はシュウねえさんがどのような乞食であるかを知識として知り、101 のフォンを次のように理解する。

　　シュウねえさんは有名だ。余ったお粥を食べられるようにあらかじめ村の人と約束してある。彼女がそれを食べるとき、あなたにとり分はない。あなたは市が混乱してはじめてご飯を手に入れる。シュウ姉さんには毎日村人の残り物がある。

　私はひとつひとつの言葉に、できるだけ丁寧な注釈をつけようとしていた。ひとつひとつの言葉を丁寧に理解していけば、やがてフォンは理解できるのだと考えたのだ。そのため作業は遅々として進まなかったが、自分の仕事の進め方にそれなりに満足していた。しかし念には念を入れ、今度はひとつひとつの言葉や事象ではなく、将宏にこのフォンそのものを解釈してくれるように頼んでみることにした。

　　わたしは歌い手だ。あなたが失敗するとうれしい。自分が利を得るから。（101）
　　わたしのフォンの方がすごいね。（102）

私には将宏の解釈を理解することができなかった。壮語を自由に使いこなせない私が将宏の解釈を理解できないのは不思議ではない。しかし韋星朗もまた将宏の解釈を全く理解していなかったのである。私たちは将宏の解釈に疑問を持ち、共同作業の相手としての彼の資質に不信感を持った。そこでそれを他の信頼すべき歌い手に解釈してもらおうと考えた。

　私たちが依頼したのは、経験を積んだ南部の歌い手だった。彼は現代壮語を読み書きすることができた。東部と南部のフォンは旋律は異なっているものの、詩型は同じである。記述されたものならば彼にも理解できるに違いないと、私たちは考えたのである。

　しかし南部の歌い手は、私たちの持ち込んだテキストをじっくりと眺めると、「ひとつひとつの言葉はわかるけれども、でもわからない」と語った。

　私たちが録音したフォンは武鳴県東部のものである。私たちの依頼した南部地域の歌い手は、その東部地域に隣り合う地域に住んでいた。そのため彼は定期市での匪賊と乞食がどのような振る舞いをしたかという知識を、東部地域の人々と共有していた。したがってこのフォンに対して「匪賊に襲われて定期市は大混乱に陥っている。乞食は無人となった店先から大盛りの皿を取っては食べる。満腹するまで食べる」という解釈を与えることは、南部の歌い手である彼にはたやすいことであった。しかしそれではこのフォンはわかったことにはならない、地元の歌い手はこのフォンをそのようには解釈していないと、彼は言ったのである。

　さてこの南部の歌い手のように、言葉の字義通りの意味と言葉が伝えようとしていることとは異なっていると考える者は、他にもいないわけではない。例えばウイルソン・スペルベルは、彼よりも洗練された方法でそのことについて言及している。ウイルソン・スペルベルに従えば、文の意味を表示するとはその文を使った発話全てが共有する意味の共通核のようなものを提示することであり、一方発話を解釈するとは、その文に対して聞き手の発話が含む曖昧な表現の表現する意味は何か、不完全な表現の意図しているものは何か、指示表現の意図している指示物は何か、字義通りの意味を伝えているのか、メタフォリカルな意味を伝えているのか、本気で言っているのか、皮肉を言っているのか、現実の状況を述べているのか、想像上の状況を述べているのか、などを決定していくことをいうと述べている（スペルベル　1993：142-199）。

再び南部の歌い手にもどれば、彼は文の意味表示とフォンが伝えようとしている思考には違いがあることを、これまでの経験から学習していたのだろう。そして彼はその認識にもとづいて、彼がこのテキストから読みとることができるのは文の意味だけであること、文の意味を理解することは必ずしもフォンを理解することにはならないことを、私たちに示唆したのである。

フォンを解釈する上で、文の意味とフォンの示すものの違いについて、困惑したのは私たちだけではなかった。壮族の民俗学者の陳雨帆（陳雨帆 1982：137-146）もまた、私たちと同じような経験を持っている。

陳雨帆は調査旅行の途中、広西壮族自治区平果県の洞窟で、革命当時流行していた工農革命歌やインターナショナルと並んで、男女の恋をうたった夥しい数のフォンが書き付けてあるのを見つけた。陳雨帆はフォンの文の意味からこれは恋愛の歌だと考え、インターナショナルとならんで恋の歌が書き付けられている理由を、地元の歌い手にたずねたところ、地元の人はこれらのフォンは恋の歌ではなく、インターナショナルと同じように赤軍の遊撃隊がここで歌会を開いたときにうたったもので、革命の思いを述べたものだと語ったと述べ、壮族のフォンを理解することの難しさを嘆じている。

ここでも又私たちと同じように、文の意味を理解することとフォンを理解することの違いを理解していないために、外からやってきた民俗学者の陳雨帆と地元の歌い手の間に齟齬が生じている。壮族の歌い手ならば、文の意味を理解することとフォンを理解することは異なるレベルの行為だということは、改めて言うまでもないことなのであろう。しかしそれは、テキストの文の意味に拘泥している私たちや陳雨帆にとっては、にわかには信じられないことなのである。

分別

私と韋星朗は南部の歌い手に拒絶されたことで、将宏の解釈の是非を問いただすすべを失ってしまった。と同時に隣の郷に住む者さえ理解しかねるような解釈があり得ることを知った。将宏の解釈がどのようなものであれ、彼に導かれるのでなければ、いかなる解釈も得ることはできないだろう。私たちは再び将宏のもとへ舞い戻った。

67 　　　山毛欅を人は食べるだろうか
　　　　　ハリネズミに残しておいてやるのではないだろうか
　　　　　私たちのところではそうしてきたよ
　　　　　苦棟樹の実は木の上に残っている
　　　　　毎年たわわに実をつけても
　　　　　四方いたるところで大きくなっても
　　　　　山毛欅を人は食べるだろうか
　　　　　ハリネズミに残しておいてやるのではないだろうか
　　　　　私たちの村では
　　　　　干ばつという言葉を口にしたことはない
　　　　　私たちのところではそうしてきたよ
　　　　　苦棟樹の実は木の上に残っている

　将宏は 67 に「あなたのフォンはいらないものだ」という解釈を与えていた。私は、このフォンのそれぞれの言葉の意味をはっきりさせてから、それらが何に譬えられているのかを教えてくれるように将宏に頼んだ。フォンが二重の解釈をもつのならば、それらの解釈の間を対応させているコードがあるはずだ。それを再構築することができれば、将宏に見えているものが、私にもわかるだろうと考えたのである。しかし将宏は「フォンの（言葉の）ひとつひとつは説明できない。全体でならできる」と繰り返し主張し、私の申し入れを拒絶した。

　「フォン（言葉の）ひとつひとつは説明できない。全体でならできる」という彼の強い主張から、フォンによって伝えられるのは、「ハリネズミに残しておいてやる山毛欅」「毎年たわわに実をつける様」といった特定なものではなく、「ハリネズミに残しておいてやる山毛欅」「毎年たわわに実をつける様」といった表現によって呼び起こされる連想の集合であると彼が考えていることが（今の私にはよく）わかる。

　ところでフォンは複数の歌い手が相互にそれをやり取りをするという形でうたわれるものである。自分のフォンをうたうためには、まずその直前に相手方のうたったフォンを理解することが前提となる。果たしてそのような相互依存的な場において、双方が依拠できるコードもなしに、様々に連想可能な表現か

ら相手の意図を的確に理解することは可能だろうか。私の問いに将宏はどのように「分別」をしていくかを自分で知っていればできると答えた。

　先にあげた 67 は将宏が高い評価を与えたものである。フォンを聞いたりうたったりするには「分別」することが必要だと、日頃から口にしている将宏が高い評価を与えた 67 には「分別」が見られるはずである。

1　山毛欅を人は食べるだろうか
2　ハリネズミに残しておいてやるのではないだろうか
3　私たちのところではそうしてきたよ
4　苦棟樹の実は木の上に残っている

5　毎年たわわに実をつけても
6　四方いたるところで大きくなっても
1　山毛欅を人は食べるだろうか
2　ハリネズミに残しておいてやるのではないだろうか

7　私たちの村では
8　干ばつという言葉を口にしたことはない
3　私たちのところではそうしてきたよ
4　苦棟樹の実は木の上に残っている

　将宏はここから何らかの連想を呼び起こさなければならない。しかし彼はこの課題に素手で取り組むは必要はない。彼は日頃「我々のフォンはふたつの句にかなうようにしなければならない。ふたつの内容は同じでなければならない。もしもそれぞれが違うことをうたっているようであれば、それはうたうに耐えないものだ」と強調してもいた。彼はこの規範を利用して、繰り返して三度表現されるものから何らかの連想を得ればよい。まず 1234 では食用にはならない山毛欅が苦棟樹の実と同じように余っている様が、5612 では毎年呆れるほど多くの山毛欅が余る様が、7834 では干ばつの年ではないので木の上で残っている苦棟樹の実がうたわれている。三度とも食用にならない植物が多量に余っている様子を表現している。

ここまでならば南部の歌手にも理解できる。将宏はさらに一歩踏み出さなければならない。「食用にならない植物が多量に余っている状況」だけでは、持て余している状態を示しているだけなので、それをおく文脈によってどのようにでも解釈できそうである。しかしここでも彼は素手ではない。彼はこの掛け合いを始めから聞いているので、一連のフォンの文脈を知っている。フォンのここまでの文脈は、「相手のフォンよりも自分のフォンが優れていることをしめすこと」である。彼はその文脈を参照して、持て余しているのは相手のフォンだと見なし、67に「あなたのフォンはいらないものだ」という解釈を与えることができる。

　さて、次にあげる60は将宏の評価の非常に低かったものである。先にも述べたように、将宏はフォンの掛け合いと「分別」には強い結びつきがあるとみなしているから、彼が低い評価しかを与えなかった60では「分別」が十分に働いていないと考えられる。

60　　　桂林の瓶づめ酒は
　　　　一斤しかはいらない
　　　　心がけのよくない者がむさぼる心をもっていても
　　　　かえってそれは溢れ出るだけだ

　　　　不健康な者は
　　　　やってみてごらん
　　　　桂林の瓶づめ酒は
　　　　一斤しかはいらない

　　　　信じないなら見てごらん
　　　　お金をむさぼらないよ
　　　　心がけのよくない者がむさぼる心をもっていても
　　　　かえってそれは溢れ出るだけだ

　60のフォンもまた67と同様に、相手のフォンよりも自分のフォンが優れていることを主張する文脈のなかで、うたわれている。

まず１２３４では規定量以上を注いでもこぼれてしまう瓶入りの酒が、次ぎに５６１２では健康にすぐれない人と規定量以上は飲むことのできない瓶入りの酒が、さらに７８３４ではお金をむさぼらない様がうたわれている。

　60では、送り手の「相手のフォンよりも自分のフォンが優れていることを示すこと」が文脈としてあり、フォンから思い起こした３種類の連想がある。受け手は、文脈と連想を照らし合わせて、解釈しなければならないが、それぞれの連想がちぐはぐなため、それと文脈をすり合わすことができず、解釈がその像を結ぶことができない。

　67のように十分な「分別」のあるフォンでは、文脈と連想をすりあわせる事ができるので受け手は解釈を得ることができるが、60のような「分別」の不十分なフォンでは、文脈と連想をすりあわせる事ができないので、受け手はフォンの解釈を得ることができない。

　私たちは、フォンのなかの語から呼び起こすことのできる連想と、その直前までフォンがどのような流れのなかでうたわれてきたかという文脈の両者が備わっている場合のみ、フォンの解釈を行うことができる。将宏はこの仕組みを「分別」とよび、フォンをうたうためには、まずフォンを解釈する仕組みを自分のものにする必要があることを、私に示してくれたのである。

文　献

李方桂

　1956『武鳴土語（単刊甲種之 19）』中央研究院歴史言語研究所。

Hoz Gwngzvwnz

　1985　*Fwenleux*. Gvangjsih minzcuz cuzbanjse.

Veiz Yijgyangz

　1982　*Fwen Uujmingz*. Gvangjsih minzcuz cuzbanjse.

D.スペルベル　D.ウィルソン

　1993『関連性理論』内田聖二他訳　研究社出版。

陳雨帆

　1982「壮族歌会初探之二」『広西民間文学叢刊』7　広西民間文学研究会。

5
歌掛け祭とその風土

苞橋の風景

漢籍に見る壮族の掛け歌

　壮族は自民族の文字を完成した形で作り上げることはなかったので、彼等の掛け歌に関する記述もまた、長らく漢族によってなされてきた。中原から広西地区へ赴任してきた漢族の官僚や旅行者が、壮族の人々の歌を掛け合う姿を目にして書き記したものが、漢籍として伝わっているのである。そういった一冊の明の時代に著された『赤雅』（鄺露）があるが、『赤雅』は彼等の歌掛け祭の様子を次のように記している。

　　　村の娘は春秋に……連れ立って山や水辺を散策し、歌うことを楽しみとしている。男もまた連れ立って歌いながら、そこへ赴く。気に入った相手が見つかれば、陽の落ちるまで歌を掛け合い、互いに帯を贈りあう。春の歌は正月一日、三月三日。秋の歌は中秋節。三月の歌を浪花歌という。

同時代の資料に見る壮族の掛け歌

　時代が下るにつれて、壮族の人々のフォンを掛け合う様子は彼等自身によって記述されるようになっていく。壮族の人々の間にも漢語をあやつる者が増え、そういった知識層の人々が漢語を用いて、フォンの掛け合いについて記述し始めたからである。

　近年では、1980年代に続けて出版された壮族の風俗や文芸に関する書物の多くが、フォンの掛け合いの様子やその意義について言及している。例えば『壮族文学史』（欧陽若等 1986：244）は歌掛け祭の様子を次のように描いている。

　　　歌掛け祭が開かれる場所の付近にある村々では、家々が家屋を掃き清め、五色に染め上げたオコワを作り、酒と肴を用意して客人の訪れるのを待つ。若者は男も女も贈り物を準備する。娘は手ずから作った布靴や刺繍したハンカチ、刺繍した球を用意する。男は頭巾や櫛といった女性の生活用品や装身具を買い整える。歌掛け祭の当日には、人々は盛装し、チマキやオコワ、菓子、赤く染めた卵といった食べ物を携えてやって来る。男と女が群れをなし、あるいはカップルとなって、四方八方から歌声が響く。

歌掛け祭の季節

　広西師範学院民族文学研究所は、広西地区の642カ所の歌掛け祭を調査し、

祭の期日とその規模を明らかにした。調査は 1985 年に、広西壮族自治区の全県と広東省、雲南省の壮族自治州、自治県に設置された県史編纂室および民族事務委員会にアンケート用紙を送付し、回答を回収する方法で実施された。

　この調査報告（過偉 1991）を参照すると、歌掛け祭を旧暦一月に行うもの 164 例、二月に行うもの 48 例、三月に行うもの 312 例、四月に行うもの 108 例、五月に行うもの 18 例、六月に行うもの 13 例、七月に行うもの 43 例、八月に行うもの 54 例、九月に行うもの 16 例であり、十月、十一月、十二月に行われるものはない。

　歌掛け祭がもっとも盛んに行われるのは、旧暦の三月である。旧暦の三月三日から月末までの間、日取りと場所を替えて 312 カ所で、歌掛け祭が開かれている。翌月もこの流れを受けて、四月末までに 108 カ所で開かれる。

　正月、三月四月、七月八月以外に行われる歌掛け祭は、ごくわずかである。壮族の歌掛け祭は、旧暦の一月、三月四月、七月八月に期間を限定して行われている。

　先に挙げた『赤雅』（鄺露）にも、歌掛け祭は一月、三月、中秋におこなうとあるから、歌掛け祭が開かれる季節は、少なくとも明代以降、現在に至るまで変化していないと考えられるだろう。

　さて広西壮族自治区の行政府は、旧暦三月三日を壮族の祭日に定めている。毎年この日には多くの公官庁や学校で、歌掛け祭を祝う伝統食である五色に染め上げたオコワが支給される。各県の歌上手によるフォンの掛け合いが、舞台に掛けられ、それが賑やかにテレビや新聞で報道されるのも近年の習わしとなっている。

　壮族の人々がフォンを掛け合う季節は旧暦の三月四月に限らないが、その祭が開かれる機会の多さから考えて、あるいは行政府が旧暦の三月三日を壮族の祭日と定めたことから考えても、旧暦の三月四月に歌掛け祭を行うことになんらかの意義を見出していると考えられるだろう。

　　旧暦三月

　前節では広西壮族自治区という広い範囲から、壮族の歌掛け祭が行われる季節について言及したが、ここではある特定の地域を取り上げて、その自然状況や生業と関連させながら、歌掛け祭の行われる季節について考えることにしよ

う。取り上げる地域は、広西壮族自治区の南部に位置する武鳴県東部地区である。

　この地域では壮族の歌掛け祭は、次のような日程で行われている。

　旧暦三月三日（那羊村）、九日（文桐村、覃李村）、十三日（羅波街）、十五日（橋北村）、二十日（苞橋村）、旧暦四月四日（敬三村）、五日（馬頭街）、八日（天馬村）、十六日（仁合村）。

　武鳴県東部地区では、歌掛け祭は旧暦の三月三日から四月十六日の間に、日取りと場所を変えて行われる。この二ヵ月あまりの期間を人々は一括して「歌の季節」と称するのである。それでは彼等が歌掛け祭を開く旧暦三月、四月とはどのような季節なのだろうか。

　広西壮族自治区は中華人民共和国の西南部に位置している。壮族自治区の東は広東省、香港であり、西はベトナム人民共和国である。武鳴県はその壮族自治区の南部にある。武鳴県には北回帰線が通っており、亜熱帯気候に属している。

　武鳴県の旧暦三月は、降雨の季節である。旧暦二月中旬ごろから細雨がぽそぽそ降り続き、肌寒い日が続く。気温は11度から15度の間を上下する。この春の長雨の間は湿気がたいそうひどいので、人々の日常生活は憂鬱である。例えば洗濯物を干しても乾かずそれにかびが生えたり、あるいは部屋の壁と床が湿気を含み屋内が湿地帯のように、よどんだ臭いを発したりといったことがおこるからである。もっともこの雨は植物にとっては恵みの雨である。木々は充分な水分を得て、薄緑色の葉を日毎に伸ばしていく。

　清明節が過ぎると、雨天と晴天の間隔は次第に逆転していく。それに従って気温も少しずつ上昇していく。旧暦の四月八日が過ぎると、寒さが戻ることなく初夏の陽光が降り注ぐ。

　さて武鳴県の主要な産業は農業である。現在では南寧市という都市に隣接する地の利を生かして、パイナップル、スイカ、さとうきびなどの経済作物も作ってはいるが、主力は米、うるち米の生産である。うるち米の生産は中華人民共和国成立後は行政府の指導によって二期作となったが、それ以前は長らく一期作であった。

　一期作の田植えは、旧暦の三月中旬から同四月中旬にかけて行われていた。武鳴県は550,000ヘクタールの耕地面積を持つが、耕地の日照条件や水利条件

水田（苗取り）

の違いがあるので、田植えは一斉には行われない。

例えば武鳴県東部では、東に向かうにつれて山がちになり、平均気温が少し下がる。他の地域ではほとんど見られないが、最北東の両江郷では春に霜が降りる。したがって、武鳴県東部地域の田植えは西から東へと順々に行われていくのである。

一方歌掛け祭は、次の日程で行われている。旧暦三月三日（那羊村）、九日（文桐村、覃季村）、十三日（羅波街）、十五日（橋北村）、二十日（苞橋村）、旧暦四月四日（敬三村）、五日（馬頭街）、八日（天馬村）、十六日（仁合村）。

このうち旧暦の三月に歌掛け祭を行う6ヵ村は、東方に向かって那羊、橋北、苞橋、文桐、覃李、羅波の順に位置している。これらの村から東南に向かうと、天馬、馬頭、敬三の村が現われるが、この村々は歌掛け祭を旧暦の四月に行う。

西方に位置する村は東南に位置する村よりも、歌掛け祭を約半月ほど先に行うが、これはこの地域の田植えの季節と関連がある。歌掛け祭は田植えに先立って行うものとされているので、田植えが早く行われる地域は、歌掛け祭も早

く行われることになるからである。

歌掛け祭を行う村

　武鳴県東部は、5郷68村から構成されている。このうち現在でも歌掛け祭を行っている村は11村である。これらの村はほぼ固定されている。経済的社会的要因によって、永い間には歌掛け祭を行うところが増減してきただろうが、ここ30年は不変である。

　さてここで気になるのは、武鳴県東部にあるすべての村が、歌掛け祭を開くわけではないということである。歌掛け祭が開かれる村は、それを開かない村とどこかが異なっているのだろうか。

　歌掛け祭を開く村もそうでない村も、共に水稲耕作を中心とする農業を営んでいる。生業形態は同一である。経済的にも大きな違いはみられない。村の社会的な構造もほぼ等しいと考えられる。村内は単一の父系出自集団（シ）で構成されている場合もあれば、複数のそれで構成されている場合もあるが、ともに同一の父系出自集団内では通婚しないことは68村に共通している。

　さらに東部の4郷68村は婚姻を通して互いに結び付いている。この68村は同一の婚姻圏に属しているのである。したがって社会的なランクもほぼ等しいと考えられる。

　歌掛け祭を行う11村を、その他の村から区別する社会経済的な資料はみいだせない。しかし土地の人々にははっきりとした違いとして認識されているものがある。村の景観とそれがもたらすイメージである。歌掛け祭が開かれる村には、共通した風景がみられるのである。

水辺に位置する村

　武鳴県の中心地から隣県の馬山県に向って伸びる道路を15キロ東上すると、苞橋村である。村は車道に隣接した苞橋と、さらに奥まったところに位置する張嶺の集落から成り立っている。1921年に苞橋に定期市が開設されて以降、張嶺から村人が徐々に移住していき、苞橋の集落が形成されたという。現在では苞橋に属する戸数は110戸、張嶺に属する戸数は120戸であり、集落の規模は同等であるが、耕地は今もなお張嶺が全村の耕地面積の75パーセントを所有している。張嶺は苞橋村の親村である。

東門川

　苞橋の集落をぬけると一面に水田が広がっている。最も奥まったところには山を背にした張嶺の集落が見える。水田の中央には一条の水面が光っている。東門川である。川幅は10メートル程度、そう深い川ではないが水は勢いよく流れている。この川は西に向かって流れ、武鳴の街を貫流する。四季を通して枯れることはない。

　苞橋という村名はこの川にかかる橋に由来している。橋は石でできており、アーチ型をしている。集落の家屋に比べると、ずいぶん立派な建造物だという印象を与える。土地の人も同じように感じたのだろう。苞橋周辺に位置する橋東村、橋北村といった村の名称も、この橋の東に、あるいは北にその村が位置するという理由で名付けられている。苞橋村は東門川とそれにかかる石橋によって特徴づけられた景観をもつ村だといえよう。

　さて苞橋から東北へ30キロいくと馬頭の街である。そこからさらに野を超え山を超え10キロ南下すると、敬三村にたどり着く。ここまで来ると武鳴県東部を特徴づける石灰岩でできた石山は姿を消し、私たちにはなじみの深い緑に包まれた山が姿を現わす。

敬三村は韋碩、郡緑、伏棚、雅家、板羅の六集落から構成された村である。各々の集落は正面に水田を構え、その後方に山にへばりつくように家屋を配置させている。

　韋碩が敬三村の中心で、かつ親村である。韋碩と漢語で表記されているが、この集落名は壮語である。韋は姓である。敬三村の多数が韋姓を名乗っている。村を開いたと伝承されているのも韋姓である。碩は「ソック」と発音するが、水辺に突き出た平らな処を意味する言葉である。韋碩は韋家の水汲み場という意味である。現在も集落韋碩には韋碩、すなわち韋家の水汲み場がある。泉が湧き出ており、村人の生活用水を賄っている。付近の村々にも泉があるが、韋碩は水質と水量で他の泉にまさっている。一年を通して枯れないところが、他の泉と異なる点だという。敬三村は韋碩という泉によって特徴づけられた景観を持つ村だといえよう。

　広西壮族自治区は旱魃多発地帯である。「10年のうち9年は旱魃」という。武鳴県もまたこの難を免れるわけにはいかない。1993年も武鳴県東部地区の複数の村が種籾の援助を受けた。1992年も旱魃で米の収穫量が少なく、種籾を蓄えることができなかったのである。

　武鳴県の雨量が少ないわけではない。年間の降雨量は1,200ミリある。しかしこの雨は平均して降ってはくれない。雨は短期間に集中して降る。さらに不幸なことは、武鳴県の土壌が、石岩でできた石山と赤土が交錯したものであることだ。石山は水を蓄えることはできない。せっかく降った雨も、田畑を十分に潤すことなく、流れさる。

　このような状況の中で、苞橋村、敬三村は、川や泉に特徴づけられた景観を持つ。もっともこの川や泉があるからといって、この二村が農業生産の上で、他村に比べて圧倒的に優位にたつことはない。この地域の水利事情は、それを許さないほど貧しいからである。それでも土地の人々は水辺に何かをみて、そこで歌掛け祭を行っている。水辺には人々が求めるなにかがある。それを示唆してくれるのが羅波街の例である。

龍神の潜む淵

　羅波街は橋北村の東方に位置する。この村に人が住むようになったのは今世紀に入ってからのことである。1947年に荒れ地だった羅波に定期市が開設さ

羅波潭

れた。それ以降徐々に人々が周辺の村から移り住むようになり、街を形成するようになったという。

　羅波の街並みの裏手には、碧色の水をたたえた潭が広がっている。潭の水は誘い込まれそうなまでに深い。街ができるまでは人は滅多なことではこの潭には近づかなかったという。不用意に近づくと人は死ぬと言い伝えられていたのである。この潭の畔に「羅波廟」またの名を「白帝廟」と称する廟が建っている。白帝とは蛇神の雅名であるから「羅波廟」は蛇の神を祭った廟だと考えられるだろう。羅波村は集落が形成される以前から、羅波の潭と廟によって特徴づけられた土地であった。そして羅波潭には次のような話が伝えられているのである。

　　唐の時代のことである。陸貴村にひとりの寡婦がいた。寡婦はある日、山に薪を取りに出かけ、一匹のラッを捕えた。寡婦はそれを家に持ち帰ると、よい食物を与えて育てた。ラッには尻尾があった。ラッが大きくなるにつれて、その尻尾も長くなった。寡婦はラッの尻尾を切った。人々はそのラッを「ダッカッ」（尻尾を切られたもの）と呼んだ。

人々は寡婦に「あなたはダッカッを自分の子の様に育てているが、あなたが死んだら、ダッカッは埋葬してくれるのかね」と尋ねた。その後ダッカッは大きくなると飛んで行ってしまった。
　寡婦が死んだとき、だれも寡婦を埋葬するものがいなかったので、村人たちはダッカッを不孝者と罵りながら、寡婦を埋葬する仕度をしていた。その時突然激しい風が吹き、大雨が降った。人々は急いで逃げ帰った。空が晴れると村人は戻ってきたが、寡婦の棺はなくなっていた。人々はダッカッが寡婦を埋葬したのだと思った。
　毎年三月四月に激しい風が吹き大雨になると、人々はダッカッがやって来て墓参りをしているのだと言い合った。そして廟を造りダッカッを祭ることにした。

　ダッカッは想像上の動物である。蛇でもなければ、獅子でもない。龍でもない。蛇にも獅子にも龍にも似てはいるが、完全に同じではない。壮族独自の動物だという。漢語にしいて訳せば龍となる。
　伝説は、ダッカッが羅波潭に姿を現わすとき風と雨を伴うといっている。羅波の近隣の集落の人々は旧暦三月九日にダッカッを祀る。人々はこの日ダッカッが羅波潭に戻って来ると考えている。羅波の歌掛け祭は 1947 年以前は、旧暦の三月九日に行われていたという。ダッカッを祭る形で、歌掛け祭があったのである。羅波の歌掛け祭は、直接的には雨を祈願したものではない。しかしダッカッを祭り、彼を招来することを通して、間接的に雨を羅波に呼んでいるのである。
　羅波村に伝わる伝説から考えると、人々が水辺に見ているのは、龍神のようである。彼等が水辺で歌掛け祭を行うのは、降雨を願ってのことではないだろうか。

雨見の丘

　覃李村にはランドマークとしての川や泉はみられない。村はなだらかな丘陵の麓に広がる水田に隣接してある。この村を特徴づけているのは「玉倉山」とよばれる丘陵である。「玉倉山」には、次のような伝説が伝えられている。

　　覃李の水口は獅子のような形をしている。山の頂を雲が覆うと、三日後

には雨が降る。(古今図書集成方輿彙編職方典思恩部)

　この伝説に従えば、「玉倉山」は降雨の指標である。山の頂が雲に覆われると必ず雨が降る、そして降った雨は蓄えられやがて獅子のような形をした水口から流れ出て田を潤す、と考えられているのである。

雷王の宿る丘
　橋北村は苞橋の北にある村である。この村の景観は覃李村と似ている。村の周囲には赤土の丘陵が広がり、その中央部に位置する低地には田が作られている。
　さて橋北村にも覃李村と同様にランドマークとしての丘がある。この丘を「雷王林」という。「雷王林」には、橋北村の全ての水源が干上がってもなお満面の水をたたえるという泉があるが、この泉と林に関して村人は次のような話を伝えている。

　　ある日、地理先生(風水を見る技術者)が「雷王林」を見て、「これは雷王の地である」と言った。村人は雷王を祭る廟を建て、雷王を祭ることにした。雷王廟が完成すると七七、四十九日の間雨が降った。それ以後人々は日照りが続くと雷王廟に雨を祈願するようになった。このようにして、雷王を祭ることから、雷王林の歌掛け祭は始まった。

　この伝説に従えば、「雷王林」もまた雨を降らせる丘である。「雷王林」には雨を司る雷王が宿っており、彼に祈願すれば雨が降ると考えられているのである。
　求雨の願いは橋北村の人々にとって切実である。橋北村の壮語名は「ナーバ」というが、「ナーバ」とは「水のない田」という意味なのである。有難くない村名を戴くほどに、橋北村の水利条件は劣っている。「雷王林」に降った雨は泉に蓄えられて、村の用水をまかなう。現在でもこの泉は、日照りのさいの頼みの綱であるという。橋北村と覃李村を特徴づける景観は、雨を降らすという伝説を伝える丘陵である。そしてこの丘陵地で、歌掛け祭は行われているのである。

雷王林への道

風土と伝説

　武鳴県東部地域の歌掛け祭は、旧暦の三月四月に行われる。この時期は東部地域の人々が田植えを始める直前に相当する。歌掛け祭が開かれる場所には、類似した景観が見出せる。それは川や泉、潭といった水辺であるか、降雨をもたらすと考えられている丘陵地である。

　歌掛け祭の起源に関する伝承が伝えられているのは、丘陵地を持つ橋北村と潭を持つ羅波村である。丘陵地には雷が宿り、潭には龍が訪れると伝えられている。これらの雷や龍には雨をもたらす力があると考えられている。

　武鳴県東部地域の歌掛け祭は、田植えを目前に控えた村人たちが、それを充分に賄うだけの雨水を、雷や龍といった雨を司る神々に、祈願するためにおこなわれているのだといえるだろう。

文　献
鄺露
　　　　『赤雅』。
欧陽若　周昨秋　黄紹清　曹慶全
　1986『壮族文学史』広西人民出版社。
過偉
　1991「歌墟分布表」『壮族歌墟研究』藩其旭　広西人民出版社。
陳萝雷
　　　　『古今図書集成』方輿彙編職方典 1419 巻思恩府部。

6
掛け歌における振る舞い

老練な歌い手

男女の距離

　橋北村では旧暦三月十五日の午後になると、村の内外から多くの人々が、村役場のある丘へと集まり始める。集まった人々は丘の上で世間話に興じたり、あるいはあたりを散策しながら、日が暮れるのを待つ。

　夕方になると人々は、語り伝えられてきた祭の場である雷王林へと移動する。フォンの掛け合いをしようとする者は、そぞろ歩きをしながら相手となってくれそうな人を探す。もし頃合いの相手が見つかれば、フォンの掛け合いが始まり、それを20人前後の聞き手が取り囲むことになる。

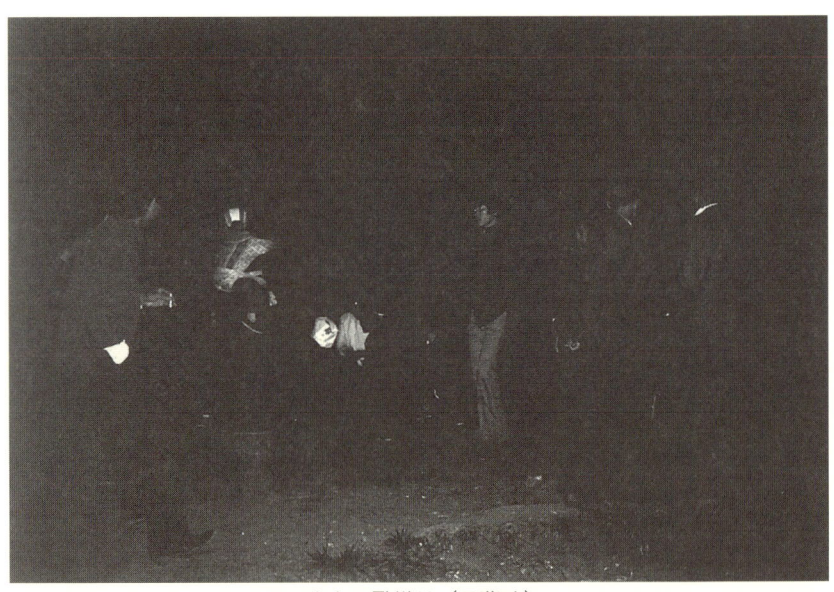

凡例：○ 女性のうたい手
　　　／ 女性の聴衆
　　　△ 男性のうたい手
　　　＼ 男性の聴衆

雷王林におけるフォンの掛け合い（1987年）

山上の歌掛け（日暮時）

6　掛け歌における振る舞い

武鳴県東部地域のフォンの掛け合いは、ダンスを始めとする身体的な動作や楽器による伴奏を伴わない。ここで競われるのは詩そのものである。聞き手たちは滑稽な言い回しには笑い声をたて、見事な比喩には息をのむ。歌い手は常に聞き手を必要としているようにみえる。聞き手が去ってしまうと、往々にして歌い手はうたうのをやめてしまうからである。

　しかしこの歌い手と聞き手の関係は、いつでも置き換えることができる。聞き手は目の前の歌い手からフォンを奪い、うたい出すことができるのである。歌い手にとって聞き手とは、自分のフォンの善し悪しを批評する存在であると共に、自分からフォンを奪ってしまうライバルでもある。

　やがて日が落ちて互いの姿が見えなくなると、人々は親戚や知人の家へもどり、食事をとる。この日は見知らぬ人をも家に招いて歓待する習わしである。夜半をすぎると、村内でフォンの掛け合いが始まる。

　下図は橋北村のある家でおこなわれたフォンの掛け合いの様子を図示したものである。

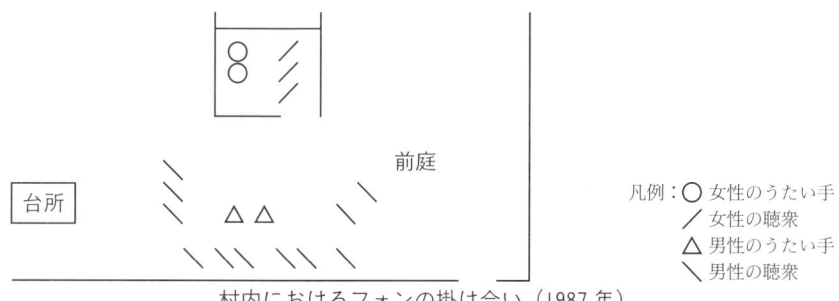

村内におけるフォンの掛け合い（1987年）

凡例：○女性のうたい手
／女性の聴衆
△男性のうたい手
＼男性の聴衆

　家の主人や家人は、茶菓の用意をととのえると、女性の歌い手に部屋を明け渡してしまう。女性の歌い手は部屋の隅に座ったり寝ころんだりして、くつろいだ様子ですごす。女性の聞き手も同様にして部屋の中にいることができる。一方、男性の歌い手は前庭で椅子に座り、聞き手はしゃがんでいる。女性のいる部屋の扉は庭に向かって開かれているが、電灯は消されているので、男性と女性は互いの姿を見ることはできない。暗闇で隔離された男女の間を、フォンがゆっくりと流れていく。

村内の歌掛け（上・下）

定期市での歌掛け（上・下）

掛け合いのかたち

　歌掛け祭のフォンの掛け合いは、男女の間でおこなわれる。男性が二人以上集まって一組もしくは二組をつくり、女性も同様にして組をつくる。そしてこの男女の組の間で、フォンがうたい交わされる。

　この写真（P.94「村内の歌掛け」）では男性が女性にフォンをうたいかけている。この時女性の組のリーダーは男性のフォンを聞きながら、次に自分たちがうたうべきフォンを考えておく。そして男性のフォンが終わるか終わらないうちに、相棒の女性にうたうべき歌詞を早口で囁くと、うたいはじめる。相棒の女性はやや遅れてそれに続く。

　たいていは男女とも瞬時にしてフォンを返すが、3分、5分と間が空くこともある。このようにして男女の間でフォンが行き来し、どちらかがフォンを返せなくなるまで掛け合いは続く。双方のフォンが満足のいくものであると、掛け合いは明け方まで続けられる。

基本のフォン

98 は 1993 年の歌掛け祭でうたわれたフォン（「春の歌」参照）である。

98
若鶏に酒をやると	gueng　laeuj　gaeq　baeux　rangz
すぐに鶏冠をふって喧嘩をする	cix　baij　hangz　dox　doj
どちらが強いかな	ak　mbaeuj　ak　vunz　rox
コッコッ、すぐにわかるさ	gaeuj　oj　oj　dog　rean

　　　〜と〜、＝と＝はそれぞれ韻を踏んでいる。

　このフォンは2種類の韻を踏んだ五言四句の詩である。押韻された音は1句目の5番目の詞「rangz」と2句目の3番目の詞「hangz」における「ang」の音であり、また2句目の5番目の詞「doj」、3句目の5番目の詞「rox」、4句目の3番目の詞「oj」における「o」の音である。

　この詩型は武鳴県東部地域でうたわれるフォンの基本型である。このタイプのフォンをうたう場合は、男女がそれぞれ一組をつくりフォンを掛け合っていく形をとる。かつてはこの基本型のフォンが数多くうたわれていたが、現在で

はフォンを作る速度を競う場合にもっぱら用いられている。

　　　フォン・ラージャオ

38 女
売り物の二尺の布は破れています　　　　　hai song cik baengz rungz
人は嫌がって値段さえ聞きません　　　　　lij heiq hunz mbouj gah
私たち（姉妹）はお互いに話し合い　　　　beix nuengx gah dox va
分かり合えました　　　　　　　　　　　　cij dawz maj dox doing

私の心のなかを言ってあげましょう　　　　gangj ij naeuz sim saeh
ほんとうに家は貧しいのです　　　　　　　cingq boux neix ranz gungz
売り物の二尺の布は破れています　　　　　hai song cik baengz rungz
人は嫌がって値段さえ聞きません　　　　　lij heiq hunz mbouj gah

自分自身で考えるだけで恐ろしくなる　　　gag ngeix cix gag lau
（村の）叔父さんの面子がなくなってしまうと　heiq lungz au saet naj
私たち（姉妹）はお互いに話し合い　　　　beix nuengx gah dox vah
分かり合えました　　　　　　　　　　　　cij dawz maj dox doing

　38も1993年の歌掛け祭でうたわれたフォン（「春の歌」参照）である。これは基本型のフォン（五言四句）を3篇つなげたもので、五言一二句の詩型である。これをフォン・ラージャオという。
　よくみると、このフォンは1連目の句を2連目、3連目に使いまわしている。重複を除くと、以下のようになる。

　①売り物の二尺の布は破れています
　②人は嫌がって値段さえ聞きません
　③私たち（姉妹）はお互いに話し合い
　④分かり合えました
　⑤私の心のなかを言ってあげましょう

⑥ほんとうに家は貧しいのです
⑦自分自身で考えるだけで恐ろしくなる
⑧（村の）叔父さんの面子がなくなってしまうと

　フォン・ラージャオは、男女それぞれが同性同士で二組以上の組を作ってうたうものである。先発組が①②③④をつくりそれをうたう。一方後発組は⑤⑥⑦⑧をつくりそれをうたう。実際には先発組が①②③④とうたった後、後発組が⑤⑥とうたい、続いて先発組が①②とうたう。さらに後発組が⑦⑧とうたい、その後で先発組が③④とうたう。

　フォン・ラージャオの難しさ（楽しさ）は、後発組が内容的にも韻律の面でも、先発組の句に繋がるようにフォンを作らなくてはならないところにある。

38
① hai song cik baengz rungz
② lij heiq hunz mbouj gah
③ beix nuengx gah dox va
④ cij dawz maj dox doing

⑤ gangj ij naeuz sim saeh
⑥ cingq boux neix ranz gungz
① hai song cik baengz rungz
② lij heiq hunz mbouj gah

⑦ gag ngeix cix gag lau
⑧ heiq lungz au saet naj
③ beix nuengx gah dox vah
④ cij dawz maj dox doing

　　　～と～、＝と＝はそれぞれ韻を踏んでいる。

　韻律において①②③④を使い回すことによって問題となるのは、⑥と①の関係あるいは⑧と③の関係である。第2連目が⑤⑥①②の順で配置されることに

より、⑥ cingq boux neix ranz gungz はその後にくる① hai song cik baengz rungz と韻を踏む必要が生じる。つまり⑥の5番目の詞には、①の5番目の詞「rungz」が持つ母音「ung」を含んだものを充てなければならない。

　内容的にはどうだろうか。前章で述べたように、フォンは文として意味するものとフォンとして意味するものを二重構造として持っている。

　38の①②は「売り物の二尺の布は破れている。人は嫌がって値段さえ聞こうとしない」ことを文として示しているが、フォンとしては「私のフォンは下手なので、人は嫌がっている」ことを示している。

　同じように③④は「私たち（姉妹）はお互いに話し合い、分かり合うことができた」ことを文として示しているが、フォンとしては「始めは嫌だったが、彼女と相談した結果、フォンをうたうことにした」ことを示している。

　したがって①②③④は「売り物の二尺の布は破れている。人は嫌がって値段さえ聞こうとしない。私たち（姉妹）はお互いに話し合い、分かり合うことができた」であると同時に、「私のフォンは下手なので、人は嫌がっている。始めは嫌だったが、彼女と相談した結果、フォンをうたうことにした」である。

⑤私の心のなかを言ってあげましょう
⑥ほんとうに家は貧しいのです
①売り物の二尺の布は破れています
②人は嫌がって値段さえ聞きません

⑦自分自身で考えるだけで恐ろしくなる
⑧（村の）叔父さんの面子がなくなってしまうと
③私たち（姉妹）はお互いに話し合い
④分かり合えました

　第2連は⑤⑥①②、第3連は⑦⑧③④と配置される。後半組は第一連の①②③④が①②の「私のフォンは下手なので、人は嫌がっている」と③④の「彼女と話し合った結果、フォンをうたうことに決めた」から構成されていると考え、第二連では第一連の①②を敷衍するかたちで⑤⑥をうたい、第三連では第一連の③④を敷衍するかたちで⑦⑧をうたうことにしたようである。さらにこ

れを受けて第二連では「人が嫌がって値段さえ聞こうとしない二尺のしか売り物にできない」理由として「家が貧しいから」をあげることにし、同様に第三連では「お互いに話し合い分かり合」わなければならない理由として「村の叔父さんの面子がなくなる」ことをあげることとした。

　この結果第二連は「本当のことをいうと家が貧しいので、売り物の二尺の布は破れている。人はそれを嫌がって値段さえ聞こうとしない」となり、第三連は「考えるだけで恐ろしい。村の叔父さんの面子がなくなるなんて。それ故に私たちは解決できるように話し合いました」となる。これで二連三連とも無事一篇の詩として成り立った。

39 男
①ナガイのサトウキビ　　　　　　　　　doengh　gij　oij　naz　gaiz
②他のものより高くても　　　　　　　　gyaq　cungj　lai　haemq　ndaengq
③良いものならかまわない　　　　　　　cienz　bengz　mbouj　yaeuq　gaenj
④(でも)だまして天秤を量ってはいけないよ　hawj　doz　caengh　doek　din

⑤サトウキビの根本は欲しくないのかい　gij　goek　de　mbouj　haenj
⑥その梢が欲しいのかい　　　　　　　　aiq　bae　haenh　mbaenq　byai
①ナガイのサトウキビ　　　　　　　　　doengh　gij　oij　naz　gaiz
②他のものより高くても　　　　　　　　gyaq　cungj　lai　haemq　ndaengq

⑦朝早くに市に並べられた　　　　　　　daj　senq　baij　hangz　haw
⑧人はそれをにぎって放さない　　　　　hunz　cungj　dawz　lai　naemq
③良いものならかまわない　　　　　　　cienz　bengz　mbouj　yaeuq　gaenj
④(でも)だまして天秤を量ってはいけないよ　hawj　doz　caengh　doek　din

　　　　　　　⌒と⌒、＝と＝、―と―、…と…はそれぞれ韻を踏んでいる。

　39は女性のうたった38を受けてうたったフォン・ラージャオである。先発組は38に応えるように、①②③④をつくる。①②③④は文として「ナガイのサトウキビなので、値が張ってもおいしければかまわない。でもだまして秤を使ってはいけない」ことを示している。それは同時にフォンとしては「彼女の

歌は素晴らしい。でも力を抜いてうたってはいけない」ことを示している。

　後発組は①②に繋げるように⑤⑥を、③④に繋げるように⑦⑧をつくらねばならない。一篇のフォン（文）としては、⑤⑥①②は「サトウキビの根本ではなく梢が欲しいだって[1]。他のものよりも値が張るナガイのサトウキビ」とうたっており、⑦⑧③④は「朝早く市に並べられたサトウキビを人々は握って放さない。おいしければかまわない。でもだまして秤を使ってはいけない」とうたっている。ともに上下の句の繋がりに破綻はない。

　振り返ってみれば38は「私のフォンは下手だから人に嫌われていると思った。でも相談の結果うたうことにした」とうたったものであった。39の⑤⑥①②は「へんな（やめるなんて）ことを言い出してはいけない。彼女のフォンは素晴らしい」とうたい、⑦⑧③④は「あなたのフォンは人気があるのだ。でも力を抜いてうたってはいけない」とうたっている。これはともに38のフォンの返歌としても成立している。

　このように後発組には同じ一首のなかで、先発組と縦に繋がっていく意識が求められると同時に、掛け合う相手のフォンとクロスする意識をも求められる。これは付け句と掛け歌を同時におこなう感覚に近い。

　現在武鳴県東部地域では、このフォン・ラージャオが主流のフォンとなっている。基本のフォンは単純すぎてつまらないのだという。無論一晩うたいつづける間には、基本のフォンを次々繰り出して、ドライブ感をつけたくなる時間がある。彼らはこの2種類のフォンを使い分けて、緩急をつけながら、一晩のフォンの掛け合いを進行させる。

掛け合いの手順

　歌掛け祭でうたわれるフォンはさまざまな主題を持っているが、それがうたわれる際には、およそ次のような順序に従う。まずはじめに掛け合いを誘うフォンがうたわれ、それにたいして相手が果たして自分の掛け合いの相手としてふさわしいかを、値踏みするフォンがうたわれる。

　ふつうこの段階が終了するまでに3、4時間は必要である。あるいはこの段階だけで、一晩を費やすことも多い（「春の歌」はまさにそうである）。

　それが終わると、やっと本日の主題がうたいだされる。ここで扱われる事柄は広範囲にわたっている。伝統的な知識を試すもの、現代の農村が抱える問題

を検討するもの、ある物語の筋に沿ったもの、恋愛感情をうたいあげるものなどさまざまである。

　これらのフォンは夜が明けるまで続けられる。そして空が白み始めると、別れのフォンが始まる。一夜を過ごした家を後にして、双方の住む村へと続く道すがら、出会えてフォンを交わすことのできた喜びがうたわれ、次の逢瀬が約束される。やがてフォンは道が二手に分かれたところで果て、各々が帰路につく。

注
1) サトウキビは根本が甘いが硬い。先端はやわらかいが甘くない。

7
フォンを聞く

男性の歌い手

ノートから

　武鳴県東部地域では春と秋にフォンの掛け合い祭を開く。男と女が即興で作ったフォンを贈り合うという、対の幻想を背景にした詩のバトルなのだが、これがなかなかすごい。まず夜を徹して150ぐらいのフォンを即興で作ってしまう知的な体力の高さ。さらに素朴とか、素直とか、いわゆる「歌垣」の歌に期待されているものを裏切る表現のレベルの高さ。

　彼らは卓抜な表現能力を持っている。しかし彼らにとってはどうやらそれが普通であるらしく、私がなかなかフォンの勘所を押さえきれないことがなんともじれったいようだった。

　そこで1993年からしばらくの間、彼らが私にフォンの手ほどきをしてくれることになった。手の内を見せながらフォンをつくるなどという多分に評論家的な行為を、天然のクリエーターができるだろうかという私の不安をよそに、レッスンは進んだ。

　レッスンはこういう場合にはこのようにうたう、あるいはこのようにうたった、こういうモノあるいはこういう状況はこのようにうたうことができるということを聞き書きすることで進んでいった。

　ここではそのときのノートから、いくつかを紹介したい。

苦瓜

	解釈
あなたは牛肉を買いました	あなたのフォンは上等だ
私は苦瓜を売るために来ました	それを知っているからこそ、私はやって来たのだ
炒めるといい匂いがします	ふたりで掛け合うと、よいフォンができそうだ
よだれがでそうだ	わくわくするよ

　武鳴県では夏になると苦瓜が一斉に出回る。苦瓜の料理法はいくつかあるが、牛肉と炒めるのが一等美味しい。残念なことに村には肉屋がないので、牛肉が欲しければ三日に一度開かれる定期市に買いに行かねばならない。しかも牛肉は売られていないことも多い。たかがゴーヤチャンプルーといっても、農

村では結構手間がかかるものなのである。そこで彼らは良い牛肉を手にすると、これでいつもの苦瓜がおいしく食べられると、いそいそと牛肉と苦瓜を炒める。

　このフォンの歌い手は、自分は決して抜きんでた歌い手ではないが、フォン上手と掛け合いをすれば、苦瓜が牛肉によってその旨味が引き出されるように、よいフォンをうたうことができるといっている。このような言い回しは、フォン上手と評判の人が自分の前に姿を見せたときにうたう。

乞食

	解釈
乞食はスックボンすら	私はどんなフォンでも
腰掛けに座ってむさぼり食べる	うたい足りたということはない
腰帯がポンとはじけて切れてしまった	すでに幾晩もうたっていても
それでも芋を見つけて、まだ食べたがっている	他の人がうたっているのを見れば、またうたいたくなる

　スックボンはお粥でもご飯でもない、その中間の状態のものをいう。スックボンは炊飯に失敗するとできるもので、決して美味しいものではない。酷暑を凌がなければならない彼らは、夏になると水分をたっぷり含んだ粥を食べる。そのほかの季節は普通に炊いたご飯を食べる。彼らがスックボンを食べることはまずあり得ない。また芋は永らく米の代用食であり、現在でも頬張って食べるほど美味しい食べ物ではない。しかし、いつもお腹をすかしている乞食は、出来損ないのスックボンや代用食である芋すらもむさぼり食べるものだと見なされている。

　食物に飽くなき執念を見せるのは乞食であるが、フォンに飽くなき執念を見せるのが「うたぐるい」である。武鳴県ではフォンの掛け合い祭は場所と時間を替えて約一月半の間行われる。その間、少なくはない数の人間が家に帰らず祭について歩き、また数多くの者が昼間は野良仕事に家に帰るものの夜になると祭に姿をあらわす。掛け合い祭は徹夜なので、何日も続けるとナチュラル・ハイ状態になってしまい、歌い手聞き手ともテンションが高くなる。(これを体験して、やめられなくなった人が結構多い)。このフォンは相手に対して、まだ

うたい足りていないといっているわけだが、その背景として掛け合い祭における「うたぐるい」を持ってきているのである。

大樹

	解釈
あそこには大きな木が生えている	あそこに高名な歌い手がいる
木地師を招いて、鋸を入れさせませんか	わたしたちとフォンの掛け合いをしてくれないかな
この土地のご主人たち	あなたたち、歌い手のみなさん
鋸を入れさせてくれますか	私たちとフォンの掛け合いをすることに賛成ですか

　木地師は椀や指物をつくる職人である。木地師は自分では山林を持たない。どれだけ素晴らしい技術を持っていても、それを引き出してくれる木がなければ、宝の持ち腐れである。木地師はよい木を見つけるとすかさず、その木の持ち主と交渉し、木を切らしてもらう。

　よいフォンをうたうことのできる人は、皆に愛され、ちょっとしたアイドルである。歌い手にとってフォン上手と掛け合いをすることは悲願である。相手のフォンが自分のフォンを素晴らしい形で引き出してくれるからだ。

　一方、フォン上手はなかなか格下の歌い手には応じない。ヘタな相手だとゾクゾクするようなフォンのやりとりを期待できないからだ。掛け合い祭でさえ、彼らは孤高を保つ。そこに勇気のある歌い手が現れ、フォン上手に掛け歌をしてくれないかと問いかける。

　実際にはこのフォンはフォン上手に歌いかけたものではない。大きな木の姿をうたい、その奥にフォン上手をイメージさせながら、目の前の歌い手に、私うたえる場を探しているのだけれど、どうあなた、と問いかけたものである。

雄鶏

	解釈
雄鶏を放して　闘わせ	私たちは皆やってきて、フォンの掛け合いをする

どちらの鶏冠が傷ついたのかを見る	（そして）だれのうたいぶりがよいかを見る
どちらかか、動き出せないというのなら	あなたがうたい出さないというのなら
からっぽの正月を過ごす羽目になる	落胆して、家に帰ることになる

　このフォンは闘鶏をうたっている。二羽の雄鶏を闘わせその勝敗を競うのが闘鶏であり、武鳴県では節日にしばしば行われる。雄鶏の中にはやる気のないものがいて、放されても動こうとしないことがある。しかしそれでは勝負にならず、せっかくのお祭りムードに水を差され、一同がっかりすることとなる。
　このような言い回しは、フォンが始まりそうではじまらないとき、例えば男の側がうたいかけているのに、女の側がお互いに譲り合ってうたいだそうとしない、あるいはもじもじとして、すこしうたってはやめるといった状態のときにうたわれる。

娘

	解釈
18歳の娘です	私は歌い手です
どこかで夫を見つけたい	相手を見つけて、フォンの掛け合いをしたいのです
齢を重ねていくのがこわい	待てども相手が現れないのではと、おそれます
嫁に行くとき、どの家からも断られるのではと	うたうすべがないことを

　このフォンは乙女心をうたっている。現在でも農村では20歳そこそこで結婚するので、18歳は結婚について真剣に考え始める年頃である。
　このような言い回しは、先の「闘鶏」と同じ状況で使うことができる。しかし「闘鶏」と違い、この言い回しには「泣き」が入っている。相手に対してうたってくれるように懇願しているのである。

布

	解釈
小さな布でズボンを縫ったら	あなたのフォンは少なすぎる
どうにか膝小僧が隠れただけ	わたしたちは掛け歌をするに及ばない
立ち上ってみたら、見られたものじゃなかった	このようにうたっても、だめ
しゃがんでみても、なおさら見られたものじゃない	あのようにうたっても、だめ

　現在では農村でも既製服が優勢であるが、かつては家族の衣服を整えることは、一家の主婦の大切な仕事であった。このフォンは洋裁ができない主婦を揶揄している。ズボンにはズボンにふさわしい寸法というものがある。それを無視してズボンをつくったとしても役には立たない。
　このような言い回しは、相手方のフォンを作るペースが遅いときにうたう。実際のフォンの掛け合いでは、フォンとフォンの間があくことはほとんどない。3分も無音が続けば、空気がヒリヒリしてくる。したがって掛け合いの途中で、相手がこのフォンをうたったならば、直ちにギアチェンジをしなければならない。そうでなければ掛け合いは頓挫してしまう。

油絞り

	解釈
あなたの木槌は軽すぎる	あなたのフォンはあまりよくありません
どうやっても、油はでてこない	いろいろうたうけれど、いまひとつです
親方さんよ、力持ちだというのなら	歌い手さんよ、もしも強い歌を持っているのなら
どうして、大槌を振り上げない	ここ一番のフォンを、繰り出してくださいな

　このフォンは油絞りを題材にしている。油は木の実や菜種を木槌で打つことによって絞られる。力持ちの人は大きな重い槌を数回振り下ろすだけで、かなりの量の油を取り出すことができる。力のない人は軽い槌を振り回すが、それでは油は満足に取り出すことはできない。
　このような言い回しは、相手が歌を作るペースこそ速いものの、的はずれの比喩を連発している場合にうたう。このフォンは相手のフォンを否定するばか

りではなく、相手のプライドに訴えていることから、歌い手はまだこの相手と掛け合いを続けようとしているようにみえる。

新妻

	解釈
嫁さん、初めの二、三日	あなたたち、うたいはじめはとてもよかった
(足を洗う)水を運んでくれたけれど	フォンが輝いていた
嫁いで一年たった後では	しばらくすると
毎朝寝坊で、仕事もせず	だんだん、ダメになってきた

　このフォンの歌い手は、相手方のフォンに、相当不満を持っている。彼は新妻を題材にして、相手方のフォンは手抜きだといっている。

　このような言い回しは、フォンの掛け合いの中盤以降にうたわれる。フォンの掛け合いは夜の9時か10時頃に始まり、翌朝、陽が昇る頃に終わる。夜はバスも動かず街灯もないので、歌い手も聞き手も朝まで自分の村へ帰ることができない。皆、一晩中、いいフォンで気持ちよく過ごしたいと思っている。しかし、どのようなエキサイティングなフォンの掛け合いであっても、ダレる時間帯があるものだ。そういう時に相手方に奮起を促すことは重要である。たいていの場合、しきり直した後フォンはぐっと良くなって、明け方に向かって上昇ラインを描いていく。ここで失敗すれば、フォンを聞いていた人がひとり減りふたり減って、やがて誰もいなくなる。

8

春の歌（歌掛け祭のフォン）

五色おこわ

このテキストは、1993年4月11日（旧暦三月二十日）に、中華人民共和国広西壮族自治区武鳴県陸幹鎮苞橋村の覃日紹家で行われたフォンの掛け合いを、記録整理したものである。

旧暦三月二十日は苞橋村のフォンの掛け合い祭の日にあたる。覃日紹家は苞橋村で農業を営むかたわら建築請負業を営んでおり、苞橋村では富裕な家のひとつに数えられている。覃日紹が無類の「フォン好き」であるため、毎年祭日には彼の家には多くの歌い手や聞き手が集まる。覃日紹も掛け合いの核となるような歌上手を何人か招いて、訪れた歌い手や聞き手の期待に応えている。

この日覃日紹家でフォンを掛けあったのは、梁華美、唐雅金、韋美栄、欧小梅、欧小玲、黄会芝、馮愛菊、韋愛花（以上女性）、李超元、将俊郎、労春輝、龔送俊、韋漢英（以上男性）であった。

テキスト作成は、将宏、韋星朗、韋仕花、手塚恵子が、テープから壮語に書き起こし、それを整理・注釈したものを私家版FWEN CUENGHとしてまとめ、さらにそれをもとにして将宏と手塚恵子が注釈を重ね、最後に手塚恵子が日本語に翻訳する形でおこなった。テキスト作成の経緯については、5章「フォンを理解するということ」を参照されたい。

春の歌は163篇のフォンから構成されている。第1篇から第18篇までは掛け合いの冒頭部にあたり、主に覃日紹家の立派さを讃えたものになっている。第19篇から第153篇までは掛け合いの中心的な部分であり、ここは男女の歌比べの様相を呈している。第154篇から第163篇までは掛け合いの終末部にあたり、再び覃日紹家へ賛辞が贈られている。

テキストは現代壮文表記によるフォン、日本語訳、語釈、解釈・批評の4セクションに分けて記述した。このうち語釈のセクションでは主として言葉の解釈や事物・風俗の解説をおこない、解釈・批評セクションではフォン全体の解釈とそれに対する批評を記述した。

壮文および現代壮文については2章「書き言葉としての壮語」「壮語の概説」を、フォンの旋律については3章「旋律のなかのフォン」を、フォンの構造については3章「テキストのなかのフォン」、5章「基本のフォン」「フォン・ラージャオ」を、フォンの批評については5章「フォンを理解するということ」、7章「フォンを聞く」を参照されたい。

＊将宏　韋星朗　韋仕花　手塚恵子　1993年 FWEN CUENGH（私家版）

1993年4月12日、苞橋村の覃日紹家での記念撮影

現代壮文	日本語訳
1　男	
sam yied haeux naengj rang	三月おこわ⁽¹⁾の良いにおいがする
raeus sunz vanz gwn ciet	私たちに祭の季節⁽²⁾がめぐってきた
naeuz Bauh gyauz nauh yied	苞橋⁽³⁾がにぎわっていると皆がいう
cung denj dieg Loeg vuengz	そのなかでも陸黄⁽⁴⁾が一番だ
lwg ngez sim cingq maeg	子供たちはどきどきしながら
haeux naengj maek gyaux dangz	黒色のおこわに砂糖を混ぜ合わせる
sam yied haeux naengj rang	三月おこわの良いにおいがする
raeus sunz vanz gwn ciet	私たちに祭の季節がめぐってきた
vah bau rim ding dangz	爆竹の音が客室にとどろき
vunz ranz ranz cingj diep	家々に招待状が届けられる
naeuz Bauh gyauz nauh yied	苞橋がにぎわっていると皆がいう
cung denj dieg Loeg vuengz	そのなかでも陸黄が一番だ
2　女	
dieg Loeg vuengz di fangh	陸黄というところは
gwn ndwen sam ngeih cib	三月二十日に祭を迎える
hek daeuj hemq dig dig	お客さんが甲高い声でよんでいる
saed daih it cugq cingz	実に情が深いところだ
di fangh mwnq mwngz neix	あなたのこの場所は
miz cenz saej haeu sanh	前には水があり後には山がある
dieg Loeg vuengz di fangh	陸黄というところは
gwn ndwen sam ngeih cib	三月二十日に祭を迎える
hoij yiuz youq dem bya	あなたは田で魚を育て
raeuz roengz naz cuengq bit	私たちは（その）田に鴨をはなす
hek daeuj hemq dig dig	お客さんが甲高い声でよんでいる
saed daih it cugq cingz	実に情が深いところだ

語釈(明朝体) および文の解釈(ゴシック体)	フォンの解釈(明朝体) および批評(ゴシック体)
（1） 歌掛け祭には必ず食べることになっている強飯。五色に染めてある。 （2） 歌掛け祭。武鳴県東部地区では旧暦三月から五月にかけて各地で歌掛け祭が開かれる。 （3） 武鳴県陸幹鎮苞橋村。 （4） 苞橋村内部の地名。覃日紹の家の所在地。	

現代壮文	日本語訳
3　男	
vah hauj yied cangz yienz	花は美しく月はまるい
dwg yinz genh fuk heiq	人間には福の気がある
hek daengz doih dem doih	客は一組一組とやってくる
Hiz cau ceiq sim yungz	日紹(1)はとても喜んでいる
gyoengq baengz youx byaeuj daeuj	大勢の友人が皆やってきた
gwn cenj laeuj ceiq diemz	一杯の酒すらたいそう甘い
vah hauj yied cangz yienz	花は美しく月はまるい
dwg yinz genh fuk heiq	人間には福の気がある
dauq cawq cuengq vah bau	いたるところで爆竹が鳴らされ
hauj gwz maz hab eiq (oiq)	たいへん満足だ
hek daengz doih dem doih	客は一組一組とやってくる
Hiz cau ceiq sim yungz	日紹はとても喜んでいる
4　女	
Hiz cau sim mbouj an	日紹の心は落ちつかない
bae daengz ranz gaeu raengq	人をやってことづけを伝えさせる
gaeu yienz naeuz hong yaengq	私の仕事は忙しいけれども
siengj haeux naengj neix homz	このおこわを思い出さないわけにはいかない
bi gvaq gw raeuz daeuj	毎年私たちはやってくる
gah soj yaeu liengj nanz	右往左往しつつ
Hiz cau sim mbouj an	日紹の心は落ちつかない
bae daengz ranz gaeu raengq	人をやってことづけを伝えさせる
yaeuj yanj hauj lai di	盛んなありさまは昔から
hunz senq sij haeb haenh	人は羨んでいる
gaeu yienz naeuz hong yaengq	私の仕事は忙しいけれども
siengj haeux naengj neix homz	このおこわを思い出さないわけにはいかない

語釈(明朝体)および文の解釈(ゴシック体)	フォンの解釈(明朝体)および批評(ゴシック体)
(1) 覃日紹。苞橋村の富者。フォンの掛け合いが大好きで、この日、複数の歌い手を自宅に招いた。その噂を聞きつけて、招かれていない歌い手も、そして大勢の聞き手も彼の家に集まってきた。	

現代壮文	日本語訳
5 男	
go reiz (roiz) loet ceiq mwn	ガジュマルの木はおおいに茂り
roeg da bungz ya cuk	大鵬が巣を作る
va mai rang fwt fwt	花の香りはふつふつと
ingj yangj lwg vai yangz	その影響は外洋の子⁽¹⁾におよぶ
hunz cungj riuz daih it	人が伝えるところによれば、もっとも大切なのは
moh cvangq cik ndaeng lungz	墓を龍の鼻先にまつること
go reiz (roiz) loet ceiq mwn	ガジュマルの木はおおいに茂り
roeg da bungz ya cuk	大鵬が巣を作る
cingq yamq haeuj neix ma	ここに来てごらん
hunz cienz gya rim bywd	家中人に満ちあふれている
va mai rang fwt fwt	花の香りはふつふつと
ingj yangj lwg vai yangz	その影響は外洋の子におよぶ
6 女	
gangj daengz ranz Hiz cau	日紹の家について語れば
cingq sik gauj vwnz mingz	正真正銘、文明的だ
gungj gu ndei gyah dingz	家庭の基礎をかため
caez vuen sim vaiq lag	皆、心から楽しんでいる
vingx cik mbouj caengz raen	これまで見たこともない
yawj cienz ngaenz caeuh dau	金に糸目をつけない周到さ
gangj daengz ranz Hiz cau	日紹の家について語れば
cingq gauj vwnz mingz	正真正銘、文明的だ
hek ndaw ranz rim bywd?	客は家中に満ち
cib cuk cib gvangh limz	十人のうち十人がやって来る
gungj gu ndei gyah dingz	家庭の基礎をかため
caez vuen sim vaiq lag	皆、心から楽しんでいる

語釈（明朝体）および文の解釈（ゴシック体）	フォンの解釈（明朝体）および批評（ゴシック体）
（1） 筆者のこと。	

現代壮文	日本語訳
7　男 go va de rang meiq rwi ciengz seiz daeuj douh yied mingz cau singh douj bauj denh gyaeuj di cangz	 花の香りはうるわしく 蜂は常に巣をつくる 月は星と明るさを競い 天が久しく地が永くあるように祝福する
cingq caen saed veih uj dox haemh luj (lumj) duj foiz go va de rang meiq rwi ciengz seiz daeuj douh	まさにまさに堂々と この夜は薪のように 花の香りはうるわしく 蜂は常に巣をつくる
boux lawz mbouj hab sim muenx Uj mingz cungj daeuj yied mingz cau singh douj bauj denh gyaeuj di cangz	喜ばぬ者などいようか 武鳴の者はこぞってやってくる 月は星と明るさを競い 天が久しく地が永くあるように祝福する
8　女 gaiq seiq duenh gwz gaeu hwnj ranz laeuz geij caengz raen caiz sim caeuh hanj hunz cungj gangj myaiz sinz	 四方八方で彼こそが 幾重もの楼を持つ建物を建てたのだ その財は心からうらやましい 人は皆垂涎する
gangj cienz ngaenz mbouj lwnh saed miz yungj miz maeuz gaiq seiq duenh gwz gaeu hwnj ranz laeuz geij caengz	お金や財産だけをいうのではない （日紹は）勇気も知恵も持っている 四方八方で彼こそが 幾重もの楼を持つ建物を建てたのだ
mbangj laj de daeuj cıngz saed cib cingz dih vaenj raen caiz sim caeuh hanj hunz cungj gangj myaiz sinz	下から見上げると 満ち足りて美しい その財は心からうらやましい 人は皆垂涎する

語釈(明朝体) および文の解釈(ゴシック体)	フォンの解釈(明朝体) および批評(ゴシック体)

現代壮文	日本語訳
9 男	
gwih max rox cang an	馬に乗る者は鞍をおくことを知っている
coj hiz fanz fungh sung	そのようにしてはじめて順調にいくのだ
seng eiq miz maeuz youh miz yungj	商売に知恵と勇気があれば
haeuj baenz rumq cienz ngaenz	胸元をお金でいっぱいにすることができる
hunz boux boux cungj raen	人はみんな知っている
daih it daengj faenz san	山登りの一等賞だと
gwih max rox cang an	馬に乗る者は鞍をおくことを知っている
coj hiz fanz fungh sung	そのようにしてはじめて順調にいくのだ
gvaiq mbouj daek Va mai	くちなしの花を（たくさん）いれたんだね
bonj laiz lai haemq ung	それでこんなに（おこわが）やわらかい
seng eiq miz maeuz youh miz yungj	商売に知恵と勇気があれば
haeuj baenz rumq cienz ngaenz	胸元をお金でいっぱにすることができる
10 女	
gaij gwz da gaih fang	改革そして大開放
de ak ngvanh gvaq hunz	彼は人より抽んでたいと強く思い
saed bwz vanq fuq ungh	ほんとうに百万長者となった[1]
cungj ingh yungz geij soiq	幾世代にわたって威信を持つことだろう
din fwngz (fawz) de haemq mbaeu	彼の手足は軽く[1]
aen sim daeuz ak cang	心と頭は（ものを）作り出すことにたけている
gaij gwz da gaih fang	改革そして大開放
de ak ngvanh gvaq hunz	彼は人より抽んでたいと強く思い
de ndaej miz bonj saeh	彼には才覚があるので
lwg ceiq ndaej soeng yungz	子供たちはのんびりとやれる
saed bwz vanq fuq ungh	ほんとうに百万長者となった
cungj ingh yungz geij soiq	幾世代にわたって威信を持つことだろう

語釈(明朝体)および文の解釈(ゴシック体)	フォンの解釈(明朝体)および批評(ゴシック体)
	[1] 覃日紹のこと。彼が実際に百万長者でなくても、フォンではこのようにうたう。
(1) 手仕事が器用なことをいう。	

現代壮文	日本語訳
11 男	
gej hoz roeg dwk bya	川鵜の砂嚢（に巻き付けた紐を）解いて魚をとる
duz ak baz ai mbot	力強い（川鵜の）砂嚢は大きく膨らむ
ngoenz neix de fouq loet	今日彼の富は大きくなった
hunz gok gok riuz mingz	人は（彼の）名を伝えるだろう
gvaiq mbouj doek rox suenq bouh neix	この歩みを予想することができたなんて
saed saeh miz ban faz	彼は（ものごとの）やり方を知っている
gej hoz roeg dwk bya	川鵜の砂嚢（に巻き付けた紐を）解いて魚をとる
duz ak baz ai mbot	力強い（川鵜の）砂嚢は大きく膨らむ
gvaiq mbouj daek hunz gvai	人様が上手くやることをとかく言うことはできない
mbouj miz fai daeuq loek	堰がなければ水車を使う[1]
ngoenz neix de fouq loet	今日彼の富は大きくなった
hunz gok gok riuz mingz	人は（彼の）名を伝えるだろう
12 女	
ranz de guh ndaej fouq	彼の家が富を得たのは
gauq uk raeuj lingz lungz	頭を働かせたからだ
suenq yiengh yiengh ndaej doeng	たくらんだことはすべてうまくいった
din fawz soem gwz raix	手足が尖っているというのはほんとうだ[1]
faenz moh dingj rox baiz	墓も（良い）場所を見つけることができるだろう
gwz de caiz caemh caeu	彼には財産も福の気も集まってくるようだ
ranz de guh ndaej fouq	彼の家が富を得たのは
gauq uk raeuj lingz lungz	頭を働かせたからだ
gaiq gaiq miz baenz raeuh	ひとつひとつが積み重なって大きくなった
lumj daih caeux daeng ngoenz	明け方の太陽のように
suenq yiengh yiengh ndaej doengh	たくらんだことはすべてうまくいった
din fawz soem gwz raix	手足が尖っているというのはほんとうだ

語釈(明朝体) および文の解釈(ゴシック体)	フォンの解釈(明朝体) および批評(ゴシック体)
(1) 適切な対処法を知っていることをいう。 (1) 手先や目先が利くことをいう。	

現代壮文	日本語訳
13　男	
cingq vih youz ndaej fouq	富を得たので
gvaeq gwz daeuj gvangh limz	立派なお客様もやってきた
Vae swj gig yez cingz	恵子(1)はたいへん熱心だ
raeuz vanh yingz bek fawz	私たちは拍手で迎える
cib cuk cib miz caiz	十二分に才能がある
de gya caiz baenz raeuh	彼の家の財産は幾万となった
cingq vih youz ndaej fouq	富を得たので
gvaeq gwz daeuj gvangh limz	立派なお客様もやってきた
hawj hunz emq cungj yiep	(それを)見た人は心からうらやましく思う
ndaej dawz diet bienq gim	鉄を金に変えることができるのだと
Vae Swj gig yez cingz	恵子はたいへん熱心だ
raeuz vanh yingz bek fawz	私たちは拍手で迎える
14　女	
raeuz daeuj de cauh dai	やって来た私たちを、彼は自らもてなした
cungj gaiq gaiq hab sim	ひとつひとつが(私たちの心に)かなう
gwnz daiz baij dwk rim	食卓の上は(ごちそうで)満ち
ij cimz mbouj gvaq doh	たいらげてしまうことはできない
fouz lwnh gungq lwnh yiuz	大きな海老も小さな海老も(1)
cungj dox yiu hwnj raiq	連れだって浜にあがる
raeuz daeuj de cauh dai	やってきた私たちを、彼は自らもてなした
cungj gaiq gaiq hah sim	ひとつひとつが(私たちの心に)かなう
raeuz yamq daeuj daengz naex	私たちはひとりまたひとりとやってきたが
de daiq ndaej yez cingz	彼は熱心にもてなしつづける
gwnz daiz baij dwk rim	食卓の上は(ごちそうで)満ち
ij cimz mbouj gvaq doh	たいらげてしまうことはできない

語釈(明朝体)および文の解釈(ゴシック体)	フォンの解釈(明朝体)および批評(ゴシック体)
（1） 筆者。録音や録画のために動き回る姿を熱心だと思われたのか。	
（1） 大人も子供もみなやってきた。	

現代壮文	日本語訳
15　男	
daemz gvangq bya caiq hung	溜め池を広くしてはじめて魚は大きくなる
cingq hab hunz ndong maeq	(そうしてはじめて)人は酢を調合しようとする
ij siengj gwn haemq faeh (foih)	おいしくしようと思ってはじめて
aeu rox baeq (boiq) coeg liuh	調味料を塩梅できるようになるのだ
daengj roengz raq fwn doek	大雨がふれば
caih bya ndoek bienq lungz	魚は龍になる
daemz gvangq bya caiq hung	溜め池を広くしてはじめて魚は大きくなる
cingq hab hunz ndong maeq	(そうしてはじめて)人は酢を調合しようとする
seng daeuj lwg Naz gaiz	ナガイ[1]に生まれた者は
cungj lai lai ndaem oij	みなサトウキビを植える
ij siengj gwn haemq faeh (foih)	おいしくしようと思ってはじめて
aeu rox baeq (boiq) coeg liuh	調味料を塩梅できるようになるのだ
16　女	
Vae swj saed gven sim	恵子はつよい関心があるようだ
diuq din daeuj ngvaih guek	千里万里をいとわず、外国までやってきた
daengz raeuz neix dih dieg	私たちのこの地にやってきて
ndaej gueg di gungh coz	仕事をしている
caez gya youq dig dig	みんな静かにしているよ
cib cuk cib miz cingz	百パーセント温かい
Vae swj saed gven sim	恵子はつよい関心があるようだ
diuq din daeuj ngvaihguek	千里万里をいとわず、外国までやってきた
cwngh cij naeuz mwngz nyi	ふたたびあなたに聞かせよう
dang rumz ci liuj siek	風が吹き、柳がゆれるように
daengz raeuz neix dih dieg	私たちのこの地にやってきて
ndaej gueg di gungh coz	仕事をしている[1]

語釈(明朝体)および文の解釈(ゴシック体)	フォンの解釈(明朝体)および批評(ゴシック体)
(1) ナガイ村はサトウキビの産地。	[1] 恵子の仕事（録音・録画）は、風に吹かれた柳の枝が揺れ続けるように、休む間もなく続けられている。

現代壯文	日本語訳
17　男	
daeng ngoenz hwnj mbiengj doeng	太陽が東方からのぼると
bya cungj roengz gvaengz laeg	魚は溜め池の深いところへ降りる
cingq Hiz cau fouq loet	日紹の富は大きいので
cij gok gok laiz limz	次から次へと（人が）やってくる
fug meuz sim rox maeg	猫が鼠をやりこめることができるのは
ceiq rox caeb rox conz	（鼠の）集まるところをよく知っているからだ
daeng ngoenz hwnj mbiengj doeng	太陽が東方からのぼると
bya cungj roengz gvaengz laeg	魚は溜め池の深いところへ降りる
roeg laej ndumq raemx daemz	雀が溜め池の水を飲んでも
cungj mbouj raen ndaej mboek	水は減ったようにはみえない
cingq Hiz cau fouq loet	日紹の富は大きいので
cij gok gok laiz limz	次から次へと（人が）やってくる
18　女	
aen daemz neix loq gvangq	この溜め池は広いので
caez daeuj langh bit vingz	みなが来て鴨の群を放す
yienz bonj laiz raemx rim	もとから水は満ちていたというのに
sawq cij ging mbouj daez	経験に学ばないのだろうか
gyaux ca cij raemx rongz	ゴミが浮くと洪水がおこるという
caez ij ngonz boh lang	みなは大きな波を見るだろうと思う
aen daemz neix loq gvangq	この溜め池は広いので
caez daeuj langh bit vingz	みなが来て鴨の群を放す
ngoenz gvaq ngoenz vangj vang	日を追うごとに盛んになって
daengj ij yamq cauz dingz	将兵となって、天子を待つ[1]
yienz bonj laiz raemx rim	もとから水は満ちていたというのに
sawq cij ging mbouj daez	経験に学ばないのだろうか[1]

語釈(明朝体)および文の解釈(ゴシック体)	フォンの解釈(明朝体)および批評(ゴシック体)
(1) 官僚になることをいう。	[1] このフォンは各々の句の組み合わせがよくない。内容がつながっていない。替えるべきだ。うたうことがみつからないと適当にうたうのだ。

現代壮文	日本語訳

19　男

byaj raez ij fwn doek	雷が鳴って雨が降ろうとしている
cangh gyaep roeb cangh buengz	笠売りと簑売りが出くわした
sae gyap nap hanq buengz	ハマグリは海鳥を挟む
boux aemq rieng ndaej lauh	びくを携えた者が獲物をえる[1]
ij wngq saed dungx haemz	腹のなかが苦い(1)
naej aen daemz raemx mboek	溜め池の水は引いてしまった
byaj raez ij fwn doek	雷が鳴って雨が降ろうとしている
cangh gyaep roeb cangh buengz	笠売りと簑売りが出くわした
bonj laiz sim mbouj gvaq	もともと心は穏やかではなかった
siengj ciq yah boih bwenz	人妻を借りて親族を訪ねるとしよう[2]
sae gyap nap hanq buengz	ハマグリは海鳥を挟む
boux aemq rieng ndaej lauh	びくを携えた者が獲物をえる

20　男が女を促して

ij coeb feiz (foiz) haemq bek	火を大きくしよう
caengj ndaej rek gaex fa	そうしてはじめて鍋の蓋をとることができる
raeg rum raemx miq ma	生煮えの湯でも犬の毛をぬくことはできる
yaep caez gya rot mumh	（しかしそれでは）みな髭をぬくだろう(1)[1]
emq ngengz loq lengz gengz	見たところ切れ者のようだが
byaeuq ruq heng gvek gvek	（空まな板が）とんとんと響く(2)
ij coeb feiz (foiz) haemq bek	火を大きくしよう
caengj ndaej rek gaex fa	そうしてはじめて鍋の蓋をとることができる
oi loeg yied daih sawq	六月の大暑に
hoz hawq cix gwn caz	喉がかわいたというなら、お茶をのみなさい[2]
raeg rum raemx miq ma	生煮えの湯でも犬の毛をぬくことはできる
yaep caez gya rot mumh	（しかしそれでは）みな髭をぬくだろう

語釈(明朝体)および文の解釈(ゴシック体)	フォンの解釈(明朝体)および批評(ゴシック体)
(1) 心のなかで腹立たしく思うことをいう。	［１］ 雨が降ろうとしている。笠を売る者と蓑を売る者が出くわした。笠と蓑は同じ類のもの。私はフォンをうたえる。あなたもフォンをうたえる。海鳥とハマグリが闘う定めになっているように、私たちもこれからフォンをくらべよう。**ここでフォンが変わった。競い歌が始まった。** ［２］ 私はあなたとフォンを交わすことに満足していない。あなたのフォンはもういらない。他の人とフォンをかわそう。 **このフォンは各々のつながりがよくない。**
(1) なにもすることのない時に、人は髭をぬくという。 (2) 仕事を始める前には能力があるように見えたが、実際はそうでもない。	［１］ もう少しがんばってうたってほしい。そうすれば私たちだって好きになるかもしれない。犬の毛を抜く時に使うような、ぬるま湯のようなフォンをうたうならば、たいくつのあまり私たちは髭を抜くだろう。 ［２］ フォンが出てこないというならば、お茶でも飲んでみたらどうだ。

現代壮文	日本語訳
21　女 gwnz daiz laj miz byaek ij siengj saeb lai hunz raeuz daih caez ndaej gwn lai aen gwng ndeu mbouq	食卓にはまだごちそうがある もっと多くの人を入れてあげても 私たちみなで食べることができる もう一匙いかが
raeuz gah siengj ndaej deng gaej sim genz bae maeg gwnz daiz laq miz byaek ij siengj saeb lai hunz	私たちは対になり得ると思う 心に不満は考えないで 食卓にはまだごちそうがある もっと多くの人を入れてあげても
coengz saez neix ma gaeuj cix daeuj saek di rumz raeuz daih caez ndaej gwn lai aen gwng ndeu mbouq	ここに来てみてごらんよ さっと風がふくよ 私たちみなで食べることができる もう一匙いかが[1]
22　男 dangj roen sam ciengh gvangq boux lawz angq cix bae muengh boux baengz youx ndae ndaej ciengz saez quh doiq	大路は三丈の広さ 誰かが喜ぶのならすぐにでも行きましょう[1] 友達が良い相手であることを望みます いつでも対でいたいもの[2]
ndaej nip soemj nip diemz raeuz iet cienz mbouj langx dangj roen sam ciengh gvangq boux lawz angq cix bae	酸っぱいものでも甘いものでも食べられますか 私たちは支出を気にかけない[3] 大路は三丈の広さ 誰かが喜ぶのならすぐにでも行きましょう
gauq gwz raeuz dih loeg dang duz roeg ciu moiz muengh boux baengz youx ndae ndaej ciengz saez quh doiq	私たちの福の気にしたがえば おとりの鳥を使って欲しい鳥を捕まえることができる[4] 友達が良い相手であることを望みます いつでも対でいたいもの

語釈(明朝体) および文の解釈(ゴシック体)　　　フォンの解釈(明朝体) および批評(ゴシック体)

［1］　先のフォンは、男が女にうたうように勧める一方で、男は女のフォンはだめだと言っていた。女は自分たちは多くのフォンをうたえるので、大丈夫だといっている。

［1］　女たちは先刻までフォンをうたわなかった。そこで女に対して、こんなに大きな道でもあなた方は走ることができないのではないですか。私はすぐにでも走れますよ。みててごらんなさいと挑発している。
［2］　これからもフォンを交わしあいましょう。
［3］　私たちはあなた方のどのようなフォンにでも対応することができる。
［4］　私が少しうたうだけで、あなた達は多くのフォンを返さざるをえないようになるだろう。

現代壯文	日本語訳

23　女

nuengx heiz (hoiz) caeuq beix cej	妹と姉
cungj daeuj deq dox gaen	揃うのを待って共に出かけよう[1]
neix raeuz beix nuengx caen	今や私たちの兄弟は真剣
coj cix raen dox dep	はじめてお互いに近づく
gaeu muengh hauj lai di	少しでも良くなればと願い
cungj senq si dox deq	先ほどからずっと待っているのだ
nuengx heiz (hoiz) caeuq beix cej	妹と姉
cungj daeuj deq dox gaen	揃うのを待って共に出かけよう
miz vah it mienh gaij	いたらないところがあるというのなら、直しましょう
ngoenz neix caiq dox raen	今日になってやっと会うことができたのだから
neix raeuz beix nuengx caen	今や私たちの兄弟は真剣
coj cix raen dox dep	はじめてお互いに近づく

24　男

yau neix laep loq nanz	空が暗くなってかなりたつ
ndwen maiz cangz luengq fwj	月はすでに家並みに隠れたと思ったが[1]
sawq mwh ok daeuj myuj	突然すがたをあらわした
ndwet du du lux maz	くらべようもないほどうれしい
gaez ciq ngengh rox soq	幼いころから数を知っているという[2]
heiq bawx moq loeng ranz	新婦が家をまちがえたのかと心配していた
yau neix laep loq nanz	空が暗くなってかなりたつ
ndwen maiz cangz luengq fwj	月はすでに家並みに隠れたと思ったが
mai va yienz caemh rang	花の匂いは香るけれども
mbouj lumj dangz caiq gyuj	砂糖をしぼる甘さにはかなわない[3]
sawq mwh ok daeuj myuj	突然すがたをあらわした
ndwet du du lux maz	くらべようもないほどうれしい

語釈(明朝体)および文の解釈(ゴシック体)	フォンの解釈(明朝体)および批評(ゴシック体)
	［1］　フォン・ラージャオでは同性の歌い手は二組からなる。１２３４をうたう前組、５６１２と７８３４をうたう後組である。23がうたわれた時女の歌い手の間で問題がおこっていた。一組はうたったが、もう一組はうたおうとしなかった。このフォンがうたわれた時、欧小玲の母はまだ歌い手として参加していなかった。このフォンは彼女に向かってうたいかけたものである。 　私は彼女と姉妹なのだ。私といっしょにうたいましょう。いたらないところがあるというのなら、直しましょう。そしてうたいましょう。 ［1］　23のフォンの後で欧小玲の母がフォンをうたいだした。もううたうこともなく聞き手のなかに混じってしまうのかと思ったのに、彼女はうたいだした。だから月が出てきたといっている。 ［2］　昔からフォンがうたえるってみなが知っているよ。だのに今日はよその家にいって、しかもそこで聞き手に甘んじていたなんて。 ［3］　彼女が来なくても、あの人たちとフォンの掛け合いをすることはできただろう。それでも彼女がやってきたことは、とてもいいことだ。

現代壯文	日本語訳
25　女	
lengq fwj mwngz loq hung	天から彩雲があらわれた
duz ngwz hung dox ok	大蛇が出てきても
mbangj daj senq cang sog	漁具の用意はできている
caen dih loeg de miz	本物の禄を彼は持っているだろうか
daj senq cix bau gau	朝一番に報告したのだから
gaej gi yau baenz yung	そんなにごちゃごちゃ言わないで
lengq fwj mwngz loq hung	天から彩雲があらわれた
duz ngwz hung dox ok	大蛇が出てきても
gaiq naex coj raek rwz	それは馬耳東風というものだ [1]
cwz duz duz rox sok	牛はどれも水辺を知っている
mbangj daj senq cang sog	漁具の用意はできている
caen dih loeg de miz	本物の禄を彼は持っているだろうか [2]
26　男	
gi cez gaenj lo lai	田植えの季節が近づいた
meh lwg vaiz daeuj rauq	母子の水牛がやってきて耕している [1]
ndaej daih caez goek gauj	みな繰り返し耕している
daengj cauj dau foeng nienz	早稲が豊作になるのを期待しながら
dangh naeuz ngoenz rumz raeuj	天が乾いたならば (1)
gaeu caiq gyauj nganh baiz	私はふたたび巧妙に手はずを整える
gi cez gaenj lo lai	田植えの季節が近づいた
meh lwg vaiz daeuj rauq	母子の水牛がやってきて耕している
cingq ma ma caiq boi	繰り返し繰り返し行き来する
duz yiuz seiq (soiq) mbouj lauq	小海老さえいなくなるほどに
ndaej daih caez goek gauj	みな繰り返し耕している
daengj cauj dau foeng nienz	早稲が豊作になるのを期待しながら [2]

語釈(明朝体)および文の解釈(ゴシック体)	フォンの解釈(明朝体)および批評(ゴシック体)
	[1] あなたは心配のしすぎだ。私たちがうたえないなどと心配しなくともよい。このあたりの人は皆うたうことを知っている。 [2] 男の方がうたえばどうかとしきりに勧めているが、ここで女はうたうことなんて誰でもできる、簡単だよといっている。
(1) 天気が乾燥していたら、田を耕してもすぐに乾くだろう。良い具合になったら、もう少し母子の水牛を働かせてみるとしよう。	[1] 欧小玲の母と欧小玲がふたりでフォンをうたいはじめたので、親子の水牛が使われている。欧小玲の母がうたい始めたから、われわれのうたはぐっと良くなった。 [2] 欧小玲の母と欧小玲がフォンをうたいはじめた。それでフォンは良くなったけれども、さらに良いフォンをうたってくれれば、こちらもそれに答えて良いフォンをうたうよ。

現代壮文	日本語訳
27 女	
guh seng eiq roed laep	商売をしていたら日が暮れてしまった
ndaej caep hauj lai hunz	たくさんの人に出会った
aen bak daeh lai hung	袋の口がこんなに大きいので
caengj ndaej gwn haemq imq	腹いっぱいに食べることができる
bonj laiz caemh vuen heij	もともと好きだった（うえに）
cungj geij bi ingh yungz	ここ数年風をきっている
guh seng eiq roed laep	商売をしていたら日が暮れてしまった
ndaej caep hauj lai hunz	たくさんの人に出会った[1]
28 男	
mbouj gvaiq mwngz lo cej	あやしみませんよ、姉さん
lwg lawh meh ndaem naz	子供に代わって母が田植えをするということでしょう[1]
vih laj vi goeng da	義理の父のために
hunz maz miz hunz buenq laeuj	酒の相手をしてくれる人がいるだろうか
gaeu vingz cik caengz fungz	私は今まで見たことがない
mboengq mbut guh rungz hawj gyej	糞虫が蛙に巣を与えるのを(1)[2]
mbouj gvaiq mwngz lo cej	あやしみませんよ、姉さん
lwg lawh meh ndaem naz	子供に代わって母が田植えをするということでしょう
yienz haeuj sim ciengx gaeq	心をこめて鶏を育てたので
muengh ngoenz ndaej gaem ga	今日（その）もも肉を食べることができる
vih laj vi goeng da	義理の父のために
hunz maz miz hunz buenq laeuj	酒の相手をしてくれる人がいるだろうか[3]

語釈（明朝体）および文の解釈（ゴシック体）	フォンの解釈（明朝体）および批評（ゴシック体）
	［1］　このフォンはほとんど意味がないうえに、前のフォンとつながっていない。よくわからない。一晩のフォンのなかにはこういうものもある。
	［1］　欧小玲の母が欧小玲に代わってうたうことになった。そこで子供に代わって母が田植えをするというのが出てきた。
	［2］　先ほどまでうたっていた女の歌い手が欧小玲の母に代わってもらい、去っていった。あの日欧小玲の母は夜中の三時頃になってはじめてやってきて、フォンを引き継いだ。
	このフォンは途中からやってきた欧小玲の母を非難している。はじめから参加しないで、フォンがいい頃合になった頃に、できあがった巣穴を引き継ぐみたいにして、フォンを引き継いでいる。
（1）　糞虫が蛙に巣穴を与える。こんなことはきいたこともない。でも今おこった。	［3］　あの日男の歌い手はたくさんいたのに、李超元に代わってうたってくれる人がいなかったので、彼は明け方までうたい続けた。義理の父は李超元をあらわしている。あの日女の歌い手は、三組入れ替わった。でも彼は一度も代わってもらっていない。これは相手をばかにしたフォンなのだ。相手方は次から次へと歌い手を代えているけど、ぼくひとりをうち負かすことができないでいると。

現代壮文	日本語訳
29 女	
naeuz lumj de caemh dwg	彼の言うこともわかるけど
daeuq naj swd raemx daemz	みなで溜め池の水を飲みましょう
goeng rengz gaen mbouj coem	能力について、私はとやかく言いません
de gag doeng caeuh ndaej	彼が自分で理解していればそれでよし [1]
raeuz lak bok saej mungz	私たちははじめて芋の蔓をむくのです
vih din fawz (fwngz) caengz sug	手も足も未熟です [2]
naeuz lumj de caemh dwg	彼の言うこともわかるけど
daeuq naj swd raemx daemz	みなで溜め池の水を飲みましょう
caemh dox go saek donq	兄さんとともにうたいましょう
raeuz baenz gyoengq gaej yaemz	私たちもだまってばかりではありません [3]
goeng rengz gaen mbouj coem	能力について、私はとやかく言いません
de gag doeng caeuh ndaej	彼が自分で理解していればそれでよし
30 男	
duz ij baenz meh gaeq	それが雌鳥になれば
rox faeg raeq ndaw rungz	籠のなかで卵を生むだろう
vanq haeux raeh mbouj gwn	米をまいても食べないのは
lau loeng rungz baenz mingh	籠を間違えてこわがっているからだ [1]
dang caij soq raeuz fungz	幸運に恵まれた
ndaej swnh rumz raemj faex	良い風をえれば木を倒すことができる
duz ij baenz meh gaeq	それが雌鳥になれば
rox faeg raeq ndaw rungz	籠のなかで卵を生むだろう
saez neix dih gih vae	これぐらいでは
lau haeux raeh rai rumz	稲は風に当たってもだめにならない
vanq haeux raeh mbouj gwn	米をまいても食べないのは
lau loeng rungz baenz mingh	籠を違えてこわがっているからだ [2]

語釈(明朝体)および文の解釈(ゴシック体)	フォンの解釈(明朝体)および批評(ゴシック体)
	[1] 皆でフォンをうたうことにしたのだが、彼にやる気がなければ仕方がない。彼が自分でわかっていれば、それでいいのですが。 [2] 私たちはうたい始めたばかりなので、まだ未熟です。 [3] フォンをうたうことはやめないだろう。 [1] あなた方老練な歌い手がよいフォンをうたうことができれば、掛け合いは成功するでしょう。しかしやり方を間違えると、失敗するよ。欧小玲の母がその他の歌い手をリードすれば、良いフォンがでてくるだろう。 [2] あの晩(うたわれた場)にいなければ、このフォンは何をうたっているのかわからない。これは競い歌。あの日のフォンは、競い歌ばかりだった。

現代壮文	日本語訳
31　女 aen mbwn naex rox suenq caemh song buenq guh gaen sawq mwh ndaej caeuh baenz mbouj yungh ngaenz bae cawx daeg Yaeuj ngah vaiz caiq soj laiz byaij goenq gaenx aen mbwn naex rox suenq caemh song buenq guh gaen	計算さえできればわかることだが 半斤はふたつで一斤となる[1] 偶然合わせることができたのだ お金をはらって買わなくとも ヨウ（人名）は水牛を食べるのが好きだ (だから)その場所(牛肉を売っている所)をうろうろ[2] 計算さえできればわかることだが 半斤はふたつで一斤となる
32　男 sau ndei gvingj gvaq hunz maij genj gwnz genj laj guh dwk nienz sam haj cij foeg haq gueg gya caez yawj loh simj baj cingq raih laj raih gwnz sau ndei gvingj gvaq hunz maij genj gwnz genj laj youq youq cix bae haw noix miz byawz rox naj guh dwk nienz sam haj cij foeg haq gueg gya	少女というものはお金持ちが好きなのだろう 上を選んだり下を選んだりするのが好きなのだ 三五の歳になって やっと嫁にいくことにしたという[1] みな見ているよ (少女が)上に行ったり下に行ったりしたことを[2] 少女というものはお金持ちが好きなのだろう 上を選んだり下を選んだりするのが好きなのだ いつもいつも定期市へ行っている 誰だって彼女の顔を知っている[3] 三五の歳になって やっと嫁にいくことにしたという

語釈(明朝体) および文の解釈(ゴシック体)	フォンの解釈(明朝体) および批評(ゴシック体)
	[1] 私たちふたりは、フォンを掛け合わすことができる。
	[2] うたうのが好きな人は、フォンがうたわれる場が大好きなのだ。
	[1] 欧小玲の母は、あの晩あちこち行ったあとで、夜半すぎにやってきた。
	[2] みな彼女があちこち行っていたのを知っていたよ。
	[3] いつもフォンの掛け合いをする人の顔は、だれだって知っているよ。

現代壮文	日本語訳
33　男が女を促して	
bi neix daj song cun	今年はふたつの春がありました[1]
ai dox lungz dox vanx	お互いに譲りあったのだろうか[1]
vih gwz maz mbouj ngvanh	どうして思い至らないのか
vaiq cva cvan haep daemz	はやいところ、溜め池をせき止めよう
swq ciq neix roengz daeuj	昔から今にいたるまで
caemh cix mbouj caengz fungz	このようなことはかってなかった
bi neix daj song cun	今年はふたつの春がありました
ai dox lungz dox vanx	お互いに譲りあったのだろうか
ij daih caez haeuj sim	みな心をこめてやろうではありませんか
muengh vai binh caij fangj	外国のお客さんがやって来ているのだから
vih gwz maz mbouj ngvanh	どうして思い至らないのか
vaiq cva cvan haep daemz	はやいところ、溜め池をせき止めよう
34　女	
gonq ij siengj gaij mingz	先刻は名前をかえようと思っていたのに[1]
diuz saeh cingz hoj gej	それが許されなかった
nuengx heiz (hoiz) dingj beix cej	妹が姉の後にはいると
heiq dax meh gah damz	自ら言ったと囁かれるのがいやだった
ei (oi) daengz ngoenz neix daeuj	やって来たからには
cingq caen saeuh dungx rim	おなかいっぱいになりたいものです
gonq ij siengj gaij mingz	先刻は名前をかえようと思っていたのに
diuz saeh cingz hoj gej	それが許されなかった
go byaek neix yienz gyaeu	この菜は美しいけれども
nanz ndaej laeuz guh ceh	タネは残らない[2]
nuengx heiz (hoiz) dingj beix cej	妹が姉の後にはいると
heig dax meh gah damz	自ら言ったと囁かれるのがいやだったのだ[3]

148

語釈(明朝体) および文の解釈(ゴシック体)	フォンの解釈(明朝体) および批評(ゴシック体)
(1) 1992年12月28日に2度目の立春が来てしまったことを指す。	[1] この日女の歌い手は二組あった。あなた方はお互いに譲り合ってばかりで、どうしてうたわないのか。 [1] うたおうとは思っていなかったのに皆が許してくれなかった。自ら名乗り出て、途中で歌い手を代わってもらったと皆に言われるのがいやだったのだ。 [2] 私だってフォンは上手だけれど、全てのフォンがすばらしいというわけにはいかない。私ばかり見るのはよしてください。他の人だって上手なときもあるよ。 [3] ひとつのフォンは、一句一句は説明できない。全体でならできる。なかには韻をふんだだけの適当にうたったものもあるのだ。

現代壮文	日本語訳
35 男	
doengh boux yangz yenh gvaej	村の阿片中毒者は
cix mbouj ndaej dep daeng	明かりに近づかない
ndaej gaij laeuj mbouj caengz	お酒で代用することはできない
raemx ra daengz neng neng	涙をあふれさせる[1]
gaiq heiq de daeuj daengz	（その香り）を嗅ぐだけで
siengj ndaej baenz ij daej	泣き出しそうになる[2]
doengh boux yangz yenh gvaej	村の阿片中毒者は
cix mbouj ndaej dep daeng	明かりに近づかない
ndaej raen raemx goengq lingq	阿片をみれば、走りよる
cungj lai lingh cing saenz	特別な特別な気持ちなのだ[3]
ndaej daij laeuj mbouj caengz	お酒で代用することはできない
raemx ra daengz neng neng	涙をあふれさせる
36 女	
langh dih laeq bya ndoek	小さな溜め池の魚は
byawz rox roeb meuz gam	病気の猫の出会うと予想できただろうか
mbouj siengj hawj heiq rang	匂いをさせないようにしていたのに
cauj de yangz cingq vak	彼の爪がつかまえてしまった[1]
swh siengj loengh mbouj doeng	どう考えてもわからない
ndok coeg (fawz) hoj ok	手に刺した骨がでてこない[2]
langh dih laeq bya ndoek	小さな溜め池の魚は
byawz rox roeb meuz gam	病気の猫の出会うと予想できただろうか
ngamq ndaej saek song liengx	たった二両ばかりを得て
byouq ndaej luenh baij hangz	どのようにして店先に並べることができようか。[3]
mbouj siengj hawj heiq rang	匂いをさせないようにしていたのに
cauj de yangz cingq vak	彼の爪がつかまえてしまった

語釈（明朝体）および文の解釈（ゴシック体）	フォンの解釈（明朝体）および批評（ゴシック体）
	[1]　うたうのが好きな人は、フォンがうたわれているのをみると、よだれを垂らす。うたうなといわれても、それを受け入れることはできない。 [2]　フォンをうたうことを禁じられている時に、フォンが聞こえてきたならば、泣いてしまうだろう。 [3]　フォンがうたわれているのをみると、うれしくなる。 [1]　私がこの村に来たことを知られたくはなかった。でも知られてしまい、うたうことを強要されている。 [2]　失敗するのではないでしょうか。人に笑われるのではないでしょうか。 [3]　このように貧しいフォンをどのようにして、人前にさらせようか。

現代壮文	日本語訳
37 男	
mai mbouj caengz sau ndei	なるほど、そういうことですか、かわいい娘さん
cungj ciengz saez ak genj	いつも（恋人を）探していたのに
bae lengq mbouj hab lengq	どこへ行ってもふさわしい人はあらわれず
aiq bae dieg rengx guh hunz	とうとう畑地へ嫁ぐことになった(1) [1]
ra liuq gwnz liuq laj	上を見たり下をみたり
aiq cimh dax ndaej heiz	妹を探しているのに姉がでてきたよ [2]
mai mbouj caengz sau ndei	なるほど、そういうことですか、かわいい娘さん
cungj ciengz saez ak genj	いつも（恋人を）探していたのに
caemh dang aen rek hang	鍋を
dawz hwnj bam bae venj	二階に持っていき、吊しておく [3]
bae lengq mbouj hab lengq	どこへ行ってもふさわしい人はあらわれず
aiq bae dieg rengx guh hunz	とうとう畑地へ嫁ぐことになった
38 女	
hai song cik baengz rungz	売り物の二尺の布は破れています
lij heiq hunz mbouj gah	人はいやがって値段さえ聞きません [1]
beix nuengx gah dox va	私たち（姉妹）はお互いに話し合い
cij dawz maj dox doeng	分かり合えました [2]
gangj ij naeuz sim saeh	私の心のなかを言ってあげましょう
cingq boux neix ranz gungz	ほんとうに家は貧しいのです [3]
hai song cik baengz rungz	売り物の二尺の布は破れています
lij heiq hunz mbouj gah	人はいやがって値段さえ聞きません
gag ngeix cix gag lau	自分自身で考えるだけで恐ろしくなる [4]
heiq lungz au saet naj	（村の）叔父さんの面子がなくなってしまうと [5]
beix nuengx gah dox vah	私たち（姉妹）はお互いに話し合い
cij dawz maj dox doeng	分かり合えました

語釈(明朝体)および文の解釈(ゴシック体)	フォンの解釈(明朝体)および批評(ゴシック体)
(1) 貧しい地域のことを指す。	［1］ あなたはよい歌い手がいれば、うたってもよい考えていた。この村へやってきて、あちらこちらとうたい歩いたが、よい歌い手がみつからず、しかたなく、ここで上手いわけでもない歌い手とフォンをうたうことになった。 ［2］ あちこちいくものだから、彼女を捜し当てることができない。 ［3］ 台所で使うべきなべを、二階に吊しておくように、フォンがうたえるにもかかわらず、うたわないで、寝ようとしている。 ［1］ 私のフォンが嫌がられているのではと恐れる。 ［2］ 私ははじめはうたいたくはなかった。それから他の女の歌い手と相談してうたうことにきめたのだ。 ［3］ 私のフォンにはなんら見るべきところはない。 ［4］ フォンの掛け合いが失敗するのではないかと恐れる。 ［5］ フォンの掛け合いが失敗したことについて、自分の村の人があれこれいうのを恐れている。 　このフォンはいい。道理がつくされている。

現代壮文	日本語訳
39 男	
doengh gij oij naz gaiz	ナガイのサトウキビ
gyaq cungj lai haemq ndaengq	他のものより高くても
cienz bengz mbouj yaeuq gaenj	良いものならかまわない
hawj doz caengh doek din	(でも)だまして天秤を量ってはいけないよ[1]
gij goek de mbouj haenj	サトウキビの根本は欲しくないのかい
aiq bae haenh mbaenq byai	その梢が欲しいのかい(1)[2]
doengh gij oij naz gaiz	ナガイのサトウキビ
gyaq cungj lai haemq ndaengq	他のものより高くても
daj senq baij hangz haw	朝早くに市に並べられた
hunz cungj dawz lai naemq	人はそれをにぎって放さない[3]
cienz bengz mbouj yaeuq gaenj	良いものならかまわない
hawj doz caengh doek din	(でも)だまして天秤を量ってはいけないよ
40 女	
diuz neix hanz raeuj byai	この天秤棒は木の梢でつくったもの
ij rap lai menh sawq	多くのものを乗せることができるか試してみよう[1]
dangh mbouj riuz dih haeu	もし曲がらないようだったら
menh lai baeuj haemq rim	より多くのものをのせることができる[2]
bonj laiz caemh haemq ngamj	もともとぴったりだった
gaej bae angq dienz fai	土嚢を積み上げてもむだだよ(1)[3]
diuz neix hanz raeuj byai	この天秤棒は木の先でつくったもの
ij rap lai menh sawq	多くのものを乗せることができるか試してみよう
haeux naengj mbouj miz lai	もち米が少なければ
aeu va mai guh gawh	くちなしの花でかさを増やすほかない[4]
dangh mbouj riuz dih haeu	もし曲がらないようだったら
menh lai baeuj haemq rim	より多くのものをのせることができる

語釈(明朝体)および文の解釈(ゴシック体)	フォンの解釈(明朝体)および批評(ゴシック体)
	［1］　韋美栄(欧小玲の母)のフォンはよい。それ故、私たちは彼女を好む。しかし天秤に仕掛けをし、量が足りないのに足りたかのようにするのは、だめだ。精いっぱいうたうのでなければだめだよ。
(1)　サトウキビの根本は甘い。それを欲しがらないで、サトウキビの先を欲しがる。	［2］　よいフォンを望まないで、お茶をにごすようなフォンで満足するのですか。
	［3］　早くから私たちはあなたがこの村にやってきたのを知っている。もう放さないからね。
	［1］　木の梢でつくった天秤棒はよいものではない。私のフォンはよくないでしょう。でもやってみて始めてわかるというもの。
	［2］　天秤棒は湾曲しなければより多くの荷物を吊すことができる。私のフォンに勝てないというのなら、もっとがんばらないとね。
(1)　堤防の高さは、溜め池の水量にぴったりあっていた。そこにそれ以上土嚢を積んでも無駄である。	［3］　フォンの程度は互角なのだ。いくら負かそうと思っていても、私を負かすことはできない。
	［4］　よいフォンが少なければ、どうでもいいフォンで、埋めていくしかないだろう。

現代壮文	日本語訳
41 男	
cingq rox vaiz Daengh laeux	デンロウの水牛を知っているね[1]
caeuh dawz daeuj rag ci	それで車をひかせるのだ
dawz naek cien gaen di	千斤（の重さ）をひかせる
laj lij miz dem mbouj	もっと積もうか[1]
daj an gyaq lai bengz	値段が高くとも
de goeng rengz hix gaeuq	よく働くものならかまわない
cingq rox vaiz Daengh laeux	デンロウの水牛を知っているね
caeuh dawz daeuj rag ci	それで車をひかせるのだ
ra raeuz raen gvaq daeuj	私の目で見てきたことだ
cungj ndaej saeuh lai bi	このように齢を重ねるまで[2]
dawz naek cien gaen di	千斤（の重さ）をひかせる
laj lij miz dem mbouj	もっと積もうか
42 女	
gwz raeuz sau laj fai	川辺に住んでいる少女は
haeux gwn lai hoj gangj	ご飯をたくさん食べるという[1]
dingj lingz cawj loq ngamj	上手く炊ければ、おいしいので
cengq song vanj caemh roengz	二椀でも食べられる[1]
ij siengj dawz rap naek	天秤棒を担ぐときには
cix gag haed vaq sai	自分の帯をしっかりしめる[2]
gwz raeuz sau laj fai	川辺に住んでいる少女は
haeux gwn lai hoj gangj	ご飯をたくさん食べるという
boh meh de mbouj yauq (son)	父母が教えなければ
lau saek ngoenz sang dang	いつの日かだまされるだろう[3]
dingj lingz cawj loq ngamj	上手く炊ければ、おいしいので
cengq song vanj caemh roengz	二椀でも食べられる

語釈(明朝体)および文の解釈(ゴシック体)	フォンの解釈(明朝体)および批評(ゴシック体)
(1) デンロウ（地名）の水牛はおとなしいとされている。	
	［1］ あなたがうたいかけてきたフォンはまだたいしたことはないよ。重くないよ。もっといいフォンをうたいかけてきても、びくともしない。
	［2］ 私はこれまでフォンでうち負かされたことはない。
(1) 川辺の村では水がふんだんにあるので、粥を炊くことが多いという。粥はご飯よりも腹もちがしないので、いきおい量を食べることになる。	［1］ あなたのフォンがよいものであれば、わたしはより多くのフォンをうたうことになっても気にしない。
	［2］ あなたは私とフォンの掛け合いをしたいのなら、しっかり準備しなさいな。
	［3］ 自分のフォンに集中しないと、失敗するよ。

現代壮文	日本語訳
43　男	
loeg lingz nenz iek gyauj	60年(1)はひもじかった
gyoengq cangh dauh siuj yinz	心がけのよくない道公(2)が
noh vaiz mbouj rox sing	水牛の肉を食べたが
suenq mingh lingz lek lek	占いはぴしっとあたった[1]
rek cuk neix daih geq	皆で大釜の粥をたべた
lienz lwg gve ndoek ndau	瓜まで混ぜた
loeg lingz nenz iek gyauj	60年はひもじかった
gyoengq cangh dauh siuj yinz	心がけのよくない道公が
saez (mwh) de daeuj neix geq	今から思えば、あのときは
lienz gaeq meh cungj cimz	雌鳥まで食べたものだ
noh vaiz mbouj rox sing	水牛の肉を食べたが
suenq mingh lingz lek lek	占いはぴしっとあたった
44　女	
gyu hwnj gyaq baenz rumz	塩の値段が瞬く間に跳ね上がった
caiq deng rungz roeg gap	それなのに、鳩を飼う羽目になった(1)
soj laiz aeu gwngh gvat	匙で（塩を）
daengj ciengx bak gwz de	鳩の口へ[1]
yaeuq bangx daiz gyienz gvax	食卓の周りをうろうろとする
raen de naj cingq mbwng	彼の顔はつらそうに見える
gyu hwnj gyaq baenz rumz	塩の値段が瞬く間に跳ね上がった
caiq deng rungz roeg gap	それなのに、鳩を飼う羽目になった
ij siengj cienz de lai	彼のお金が多いと羨むまえに
hag hai gvai mbouj hab	上手な商売の仕方を学べばどうだろう
soj laiz aeu gwngh gvat	匙で（塩を）
daengj ciengx bak gwz de	鳩の口へ[2]

158

語釈(明朝体)および文の解釈(ゴシック体)	フォンの解釈(明朝体)および批評(ゴシック体)
(1)　1960年。 (2)　武鳴県では葬式や法事を司どったり、悪魔払いや各種の予祝儀礼を行う宗教者のことをコンセイ (goeng sae) という。コンセイには道教を奉じる道公と仏教を奉じる僧があるが、当人以外からは厳密には区別されず、道公 (goeng dauh) と呼ばれることが多い。道公は本来牛肉を食べるべきではない。しかし食糧事情の悪かった時代には、道公も牛肉を食べざるをえなかった。それでも占いはよく当たったという。	[1]　私はよくないフォンも出してきてうたった。わたしはもともとよいフォンをうたおうとしていたが、あなたのフォンがよくないので、つまらないフォンをうたっているのだ。あなたとうたいたくはなかったけれども、他に相手がいなくて仕方なくうたっているのだ。
(1)　鳩は塩を好むという。	[1]　これまでの私たちのフォンは平凡なものだった。なのにあなたのフォンはとつぜん鋭くなった。あなたがすごくなればなるほど、私のフォンも鋭くなる。あなたを満足させることができる。 [2]　よいフォンが欲しいのならば、まず自分がよいフォンをうたうべきだ。そうしないで、他人のフォンをだめだというのはまちがっている。

現代壮文	日本語訳
45 男 Huz namz ngah lwg manh dauj daj vanj soengq ngaiz caemh mbouj raen gej sai laj miz lai dem mbaeuq	湖南(1)の人は唐辛子を好んで食べる[1] ご飯を食べること食べること それでも帯をゆるめない （唐辛子は）もうないのかい
dang dawz daeuj cimz byaeuq gwn gaeuq linx mbaeuj byangj Huz namz ngah lwg manh dauj daj vanj soengq ngaiz	出された唐辛子を食べ尽くしてしまっても 舌には辛さがたりないと 湖南の人は唐辛子を好んで食べる ご飯を食べること食べること
ngoenz haeuj daeuj haw yawj (gaeuq) lai cingz mbouj miz hai caemh mbouj raen gej sai laj miz lai dem mbaeuq	毎日市をのぞいては 売られていないのではと心を悩ませる それでも帯をゆるめない （唐辛子は）もうないのかい[2]
46 女 hunz ciengx maeu geij duz ndaem duh luz dwk daengj dangh naeuz mbouj swngh cangj ra lauj banj cangh doz	豚を飼い 大豆を植える(1) 大きくならないようだったら 屠殺職人を頼むよ[1]
cwz ruq max cix angq swngh canj menh gueng cwz hunz ciengx maeu geij duz ndaem duh luz dwk daengj	牛は放たれ、喜び勇んでいる 田仕事をするときに、改めて餌をやろう 豚を飼い 大豆を植える
gwz gaeu yienz mbouj yaeu yienz ij aeu de canh (cvanh) dangh naeuz mbouj swngh cangj ra lauj banj cangh doz	わたしは少しも心配していない[2] あなたは負ける 大きくならないようだったら 屠殺職人を頼むよ

語釈(明朝体) および文の解釈(ゴシック体)	フォンの解釈(明朝体) および批評(ゴシック体)
(1) 湖南省。湖北省湖南省の出身者は唐辛子のきいた料理を好むとされている。	［1］ 私はフォンの掛け合いがないとやっていけない、湖南の人は唐辛子がないとご飯が食べられない、似たようなものだ。
	［2］ 私たちのフォンはすごすぎる。だから誰も相手になってくれないのではないかと心配するのさ。
(1) 豚を飼うときには、その餌にするために大豆を植えるという。	［1］ あなた方はフォンが好きなようだから、私はうたう準備をする。でもうたったフォンが私をひやりともさせないようだったら、もううたってあげないよ。
	［2］ フォンであなたに負けると思っていない。

現代壮文	日本語訳
47　男	
hunz maiz mingz doj bingj	これは大食い競争なのだ
dang mbouj imq guenj gwn	満腹でないのなら、食べられるだけ食べるべし
dangq yaep cingz aiq lw	少しでも残したら
gaeu beng rwz gaem guenq	私は耳をひっぱるよ[1]
miz cienz yaeuq ndaw fawz	手の内にお金がある（ので）
bae hangz haw saj gingj	定期市へ行って遊ぼう[2]
hunz maiz mingz doj bingj	これは大食い競争なのだ
dangq mbouj imq guenj gwn	満腹でないのなら、食べられるだけ食べるべし
mwngz ij sinq rox mbaeuj	あなたは信じますか、信じませんか
cinq mbaeuj aeu doiq swz	立春は毎年同じ日ではないことを
dangq yaep cingz aiq lw	少しでも残したら
gaeu beng rwz gaem guenq	私は耳をひっぱるよ
48　女	
ngamq saek gyang cung laeuj	やっと半分ばかりのお酒
gaeuq mbouj gaeuq vaiz byaz	水牛のひとなめだ[1]
gaeu riuj bat daeuj caz	わたしは鉢を持って来たよ
gaej hawj ma gvaq hoengq	手ぶらで帰さないでね[2]
cix gaeuq gaeuq (ngamq) luet doengz	ほら漏斗で
daengj gaem ngaemz emq gaeuj	どこまで入ったか見てごらん[3]
ngamq saek gyang cung laeuj	やっと半分ばかりのお酒
gaeuq mbouj gaeuq vaiz byaz	水牛のひとなめだ
dangh naeuz byaij mbouj ndaej	行くことができないというのなら
menh ra faex dog saz	ゆっくりと木を探して梯子をつくりなさい[4]
gaeu riuj bat daeuj caz	わたしは鉢を持って来たよ
gaej hawj ma gvaq hoengq	手ぶらで帰さないでね

語釈(明朝体) および文の解釈(ゴシック体)	フォンの解釈(明朝体) および批評(ゴシック体)
	[1]　私はあなたと競い歌をする。他の人では満足できないというなら、私が相手をしてあげよう。でも少しでも負けるようなことがあったら、痛い目にあうからね。 [2]　私には才能がある。だから私はここへやって来て、フォンの掛け合いをするのだ。 [1]　歌上手はこんなフォンでは満足しないよ。 [2]　私はうち負かすべく準備を整えた。勝って帰りますからね。 [3]　あなたは才能がないのじゃないの。あなたの才能をみてみましょうよ。 [4]　失敗しそうだったら、やり方をよく見直しなさいね。

現代壯文	日本語訳
49　男	
muengz cung rak haeux maex	芒種⁽¹⁾にはトウモロコシを干す
caih roeg laej guenj gvaengx	雀には好きなように食べさせるさ
hoz loengz gvangq guenj ndaen	喉を広げるだけ広げるだろう
anq bak gaen sied caengh	百斤は失うと覚悟している[1]
goek hawx yienz ak fwn	穀雨⁽²⁾は雨が強いけれども
hanz rong mungz mbouj mbaeq	芋の葉は濡れはしない
muengz cung rak haeux maex	芒種⁽¹⁾にはトウモロコシを干す
caih roeg laej guenj gvaengx	雀には好きなように食べさせるさ[2]
daih haij gvangq hux gvangq	海は広いから
mbouj raen hamq raen haenz	（向こう側の）岸も浜辺も見えないよ
hoz loengz gvangq guenj ndaen	喉を広げるだけ広げるだろう
anq bak gaen sied caengh	百斤は失うと覚悟している
50　女	
gven daeu dwk gyaeng meuz	門を閉めて猫をとじこめ
naeuz mbouj deuz saek lengq	どこにも逃げはしないという
ranz roagh hwnq bae emq	朝がきて起きてみると
naeu yiengz henz gwn gre	鼠に瓜を食べられている[1]
yawj cungj ret ha ret	見たところしっかりと（閉められているが）
yaep cingz rek aiq geuz	瞬く間に鍋すら壊された
gven daeu dwk gyaeng maeuz	門を閉めて猫をとじこめ
naeuz mbouj deuz saek lengq	どこにも逃げはしないという
gaeu caemh mbouj caengz fungz	私はいままで出会ったこともない
ei (oi) cix mwngz guenj emq	あなたの好きなようにすればいい
ranz roagh hwnq bae emq	朝がきて起きてみると
naeu yiengz henz gwn gre	鼠に瓜を食べられている

語釈（明朝体）および文の解釈（ゴシック体）　　　フォンの解釈（明朝体）および批評（ゴシック体）

(1)　二十四節気のひとつ。陽暦の6月6日前後をいう。

　　　　　　　　　　　　　　　　　　　　　［1］　あなたは好きなようにうたいかけてきてよい。びくともしないから。

(2)　二十四節気のひとつ。陽暦の4月20日前後をいう。

　　　　　　　　　　　　　　　　　　　　　［2］　あなたのフォンはすごいのかもしれないけれど、ぜんぜん平気だ。

　　　　　　　　　　　　　　　　　　　　　［1］　あなたはだれも自分とは比べ物にはならないという。でもやっぱり、あなたよりすごい人はいるのだ。

165

現代壮文	日本語訳
51　男	
dok caq yaeuz mboenj rim	絞った油が缶いっぱいになった
caih moed nding guenj ndumg	蟻に好きなだけ食べさせよう
lau ndaej roengz mbaeuj ndaej hwnj	降りることはできても登ることはできない[1]
bienq haeu ungj liux ngaeuz	死んでしまい（油は）臭くなった
vi vingz cik caengz roeb	これまで見たこともありません
naengz mbaeuj goeb fa bingz	缶にふたをしてやろう
dok caq yaeuz mbaenj rim	絞った油が缶いっぱいになった
caih moed nding guenj ndumg	蟻に好きなだけ食べさせよう
lau baez de fat loengz	くらくらきても
ndaej roengz mbaeuj ndaej hwnj	落ちるだけで登ってはこれまい
lau ndaej roengz mbaeuj ndaej hwnj	降りることはできても登ることはできない
bienq haeu ungj liux ngaeuz	死んでしまい（油は）臭くなった
52　女	
Diz bwz cungz bwnq nengz yaek	「百の虫の敵」(1)を小さな虫にまけば
byawz raen raeg saek baez?	すぐに死んでしまうと言うけれども、誰が見たというの[1]
vunz guenj hemq daek gaez	人は声高に得意げにするけれど
menh daih caez doiq gyuj	私たちはふたたび噛みつくだろう[2]
yaeuq laeng raeuz daeh fueng	私たちのところでは
daiq lienz rieng mbaeu baet	しっぽさえ動かさない[3]
Diz bwz cungz bwnq nengz yaek	「百の虫の敵」を小さな虫にまけば
byawz raen raeg saek baez?	すぐに死んでしまうと言うけれども、誰が見たというの
yaeuq ndaw geh ndaw luengq	（意味不明）
raeuz menh suenq goeng sae	わたしたちは道公(師匠)として数えられるだろう
vunz guenj hemq daekgaez	人は声高に得意げにするけれど
menh daih caez doiq gyuj	わたしたちはふたたび噛みつくだろう

語釈（明朝体）および文の解釈（ゴシック体）　　　フォンの解釈（明朝体）および批評（ゴシック体）

	［1］　私のフォンはとても多い。あなたは蟻みたいに少ししかフォンを持っていない。そんなふたりがフォンをかけあうのだ。あなたは失敗するにちがいない。
(1)　殺虫剤の名前。	［1］　虫は死滅はしない。あなた達がどのようにしたとしても、フォンで私たちを負かすことはできない。 ［2］　あなた達はしてやったりと思っているかもしれないけれど、私たちは反撃する。 ［3］　これは意味がつながらない。でまかせでうたっているのだ。「死なないどころか嚙みつくよ」というのが正しいのに全くだめだ。

現代壮文	日本語訳
53 男	
dangh maeuz raeuj fat raeu	頭に蚤がわいたなら
gaiq lawz haeu cij cat	めったやたらに掻きまくれ
caiq lij humz yab yab	それでもやはりかゆいのならば
menh daeq dak uengj faez	丸刈りにするか火で焼くかだ[1]
mbaeuj saenq caez gya laeq	信じないのなら見るがよい
daiq lienz raeq cungj byaeu	卵だって焼いてしまう
dangh maeuz raeuj fat raeu	頭に蚤がわいたなら
gaiq lawz haeu cij cat	めったやたらに掻きまくれ
dangh saek duenh loq ngaeuz	ここがよく光っているとか(1)
gaej yungh naeuz gangj ak	すごいとかいわなくてもよい
caiq lij humz yab yab	それでもやはりかゆいのならば
menh daeq dak uengj faez	丸刈りにするか火で焼くかだ
54 女	
dauh yienz mbaeuj fat caiz	道公は金儲けには走らない
yoj gwnz daiz cumq ceq	(それでも)食卓の上を見てからジャラジャラ鳴らす(1)[1]
dangh naeuz rox vaeng veq	もし舞ができるようになったのなら(2)
menh cij veq gip fawz	今度は印の結び方を学びなさい
dangh haej mwngz mbaeuj sing	あなたが信じられないというのなら
daih caez dingq runz lai	みなに聞いてごらんなさい[2]
dauh yienz mbaeuj fat caiz	道公は金儲けには走らない
yoj gwnz daiz cumq ceq	(それでも)食卓の上を見てからジャラジャラ鳴らす
cienz mbaeuj gaeuq gaej lai	お金が足りないときには
menh bae hai gaeq meh	雌鶏すら売り払ってしまう
dangh naeuz rox vaeng veq	もし舞ができるようになったのなら
menh cij veq gip fawz	今度は印の結び方を学びなさい

語釈(明朝体) および文の解釈(ゴシック体)	フォンの解釈(明朝体) および批評(ゴシック体)
	［1］　相手方を蚤とする。あなたが勝ちに来たなら、私はもっと強力にうたうだろう。
(1)　虫のいるところは光るという。	
(1)　道公は営利目的で儀礼を行うのではない。とはいうものの、食卓にご馳走が並んでいると、道公もいつもより張り切って所作をする。	［1］　あなたがよいフォンを持っていると、私もよいフォンをうたう。
(2)　道公が儀礼の時に舞う舞をいう。	［2］　信じられないのなら、私とフォンの掛け合いをすればわかるよ。

現代壮文	日本語訳
55 男	
ciuq doj damz vah sug	諺にそくしていえば
naeu fat lwg ciengx meuz	鼠が子を生めば猫を飼うべし[1]
saez naex yaemz baen ndeu	猫がやってきた途端に
duz de deuz liux la?	鼠は全部逃げきることができるだろうか[2]
saez naez mbaeuj caengz miz	これまで見たことがない
hangx bat cix byut dwk	白蟻が洗面器の底をかじっているのを[3]
ciuq doj damz vah sug	諺にそくしていえば
naeu fat lwg ciengx meuz	鼠が子を生めば猫を飼うべし
duz yiuh ra yienz raeh	鷹の目は鋭いけれど
euq mbaeuj ndaej cij beu	凧に及ばない[4]
saez naex yaemz baen ndeu	猫がやってきた途端に
duz de deuz liux la?	鼠は全部逃げきることができるだろうか[5]
56 女	
hauj mingz daeq raeuj ndip	剃り残しがあっても
dau mbaeuj myig dangq henz	カミソリがきれなくても気にしない
mwng lawz yaeuq cij veng	どんなところでも剃ってしまう
daj anq grengz mwng naex	カミソリを捨てたって(1)[1]
hanz gaiq naex mbaenj lw	どんな小さなところもあなたに残しておいてあげない
de bwn cwz rawz daez	牛の毛の数を数えることはできるだろうか
hauj mingz daeq raeuj ndip	剃り残しがあっても
dau mbaeuj myig dangq henz	カミソリがきれなくても気にしない
noix gaiq naex mbaeuj suenq	こんなに少なくてはお話にならない
daengz byawz liengq ndaej deng	誰がそれでよいといったのだ
mwng lawz yaeuq cij reng	どんなところでも剃ってしまう
daj anq grengz mwng naex	カミソリを捨てたって[2]

語釈(明朝体)および文の解釈(ゴシック体)	フォンの解釈(明朝体)および批評(ゴシック体)
	[1]　あなたがうたったフォンは、私に食べられてしまうためにあるようだ。 [2]　このフォンはいろいろな意味にとれる。 [3]　洗面器は硬い。それと同じように、自分のフォンはしっかりしている。それを蟻がかじっている。 [4]　どのようにしても結局、私から逃れられないから、あなたに面子を少しあげてもよい。 [5]　これは男がうたったものだろう。ひょっとしたらしばらくうたわれなかった時間があったのではないだろうか。男の歌い手は四人か五人いた。中には居眠りしているのもいるだろう。ある組がうたわなければ、別の組がうたえばよい。でも女の歌い手はそれがおもしろくないから、すぐに自分のフォンの方が出来がいいのだという。そういうときには、このようにして、フォンを返すのだ。たしかあの晩、このようなことがあったように思う。
(1)　私はあなたの頭をそる。カミソリがきれなくても、それがなくとも、剃ってやる。	[1]　あなたは私があなたを負かすことはできないと思っている。あるいはそうかもしれない。でも私は、どんなことをやってでも勝つつもりだ。 [2]　(あなたの髪の毛は)牛の毛のように、数えることはできない。 始めこの句の解釈は、「牛の毛が数えきれないように、私のフォンは多くある」であった。私が「牛の毛は女の方ですか。それでは二連目がつながらない」と指摘すると、上の解釈に変更された。

	現代壯文	日本語訳
	57 男	
	oemg byuk dwk ciengx gaeq	白蟻を鶏に食べさせる[1]
	muengh ok raeq ndaej ywnz	卵を毎日生むように
	daengz ndwen cieng ndaej hung	新年に大きくなっていたならば
	baengh dax lungz gwn soenj	伯父さんに(鶏の)お尻の肉をあげましょう[2]
	58 女	
	aemq ngaenz bae rvih guenq	銀を持って缶を買いに行く
	byawz mbaeuj suenq fat caiz	だれが金儲けをしたくないなどというだろうか
	vuengj faex lwg gwnz gai	カラ勉強の街の子は
	byaeuq cim daiz ni ni	店屋のテーブルを覗くだけ[1]
	doengh gij lwg Binh yangz	賓陽(1)の子は
	cvang faex hanz log vuengj	天秤棒をひょいとかつぐ（ふりをする）[2]
	aemq ngaenz bae rvih guenq	銀を持って缶を買いに行く
	byawz mbaeuj suenq fat caiz	だれが金儲けをしたくないなどというだろうか
	hoij (hai) ra geq ndau ndoiq	星が見えると(2)
	naz hawq doiq hoi fai	田が乾くので、堰をひらく[3]
	vuengj faex lwg gwnz gai	カラ勉強の街の子は
	byaeuq cim daiz ni ni	店屋のテーブルを覗くだけ

語釈（明朝体）および文の解釈（ゴシック体）	フォンの解釈（明朝体）および批評（ゴシック体）
	[1]　鶏の好物が白蟻であるように、歌い手の一番好きなものはフォンである。私のフォン（白蟻）をあなた（鶏）にあげるから、あなたは大きくなってください。大きくなったら、殺して食べてしまうから。 [2]　私とあなたのフォンの掛け合いが、よいものでありますように。よいものであってはじめて私の口にあう。
（1）　賓陽県。武鳴県東部に隣接する。軽工業と商業がさかん。漢族が多く居住する。別名「小日本（小さな日本）」ともいう。「賓陽貨」という言いまわしがあるが、これは見てくれはよいが、使い物にならないもののことをいう。 （2）　星が見えたら次の日は晴天であるという。	[1]　フォンの好きな者は、フォンをうたおうとする。あなたは聴いているだけで、動こうとはしない。才能がないからうたい負かすことはできない。 [2]　相手のフォンはにせものだ。 [3]　あなたのフォンがどのようなものかを見たうえで、それに見合ったフォンをうたおう。

現代壮文	日本語訳
59　男	
daih hanz nit loq remq	大寒は寒さがきびしい
gaeu dangq denz gwn laeuj	布団を質入れして飲んでしまった (1)
daengz fan rumz yij haeu	風が吹くと
yaeuz haen baeuj yaeuq law?	やはり寒いのには変わりがない [1]
oiq de byangj cix byangj	熱くなっても、その場限りだ (2)
gaej dox canj loh gengz	裸にはならないように (3)
daih hanz ndit loq remq	大寒は寒さがきびしい
gaeu dangq denz gwn laeuj	布団を質入れして飲んでしまった
liengh dwk gyaj mbaeuj caen	量ってみれば偽物で、本物ではなかった
aiq gaeng gaenx gaeu gaeu	あなたはそんなに一生懸命だけれども
daengz fan rumz yij haeu	風が吹くと
yaeuz haen baeuj yaeuq law?	やはり寒いのには変わりがない [2][3]
60　女	
Gvaeq limz caux bingz laeuj	桂林の瓶づめ酒は
ngamq gaeuq gaeuq rim gaen	一斤しかはいらない [1]
byawz siuj ngin sim dam	心がけのよくない者がむさぼる心をもっていても
de cingq ngangx doq roenx	かえってそれは溢れ出るだけだ
doengh baeux mbaeuj gen gangh	不健康な者は
sawq bae dang emq gaeuj	やってみてごらん
Gvaeq limz caux bingz laeuj	桂林の瓶づめ酒は
ngamq gaeuq gaeuq rim gaen	一斤しかはいらない
mbaeuj saenq guenj gaeuj ha	信じないなら見てごらん
caemh mbaeuj ngah cienz ngaenz	お金をむさぼらないよ
byawz siuj ngin sim dam	心がけのよくない者がむさぼる心をもっていても
de cingq ngangx doq roenx	かえってそれは溢れ出るだけだ [2]

語釈(明朝体)および文の解釈(ゴシック体)	フォンの解釈(明朝体)および批評(ゴシック体)
(1) 南方といえども、大寒は寒い。犬の肉を食べると暖まると言い、布団を売って、犬の肉を肴に酒を飲んでしまう人も実際にいたらしい。 (2) 酒を飲めば熱くなるが、やがて酒は醒めてしまう。 (3) 服まで売ってはいけない。	[1] われわれをうち負かすことはできないだろう。どうするつもりかね。 [2] 夜中をすぎて、ふらふらしてきたのではありませんか。これ以上愚かなことはしないようにね。一所懸命なのはわかるけど。 [3] フォンは、二つの句（１２３４と５６７８）に、適うようにしなければならない。二句の内容は同じでなければならない。それぞれが違うことをうたっているようなら、うたうに値しない。もしそれができないのなら、せめて下の句が上の句を補うようにうたうべきだ。 [1] 相手のフォンは、それぐらいの量しかない。それ以上うたおうとしても、出てはこないだろう。 [2] 上（１２３４）のフォンはよい。下のフォン（５６７８）は韻はあっているがつながらない。脚（５６７８）はだいたい合わない。皆へただから。私が「このフォンは上と下で歌い手が交替したので、上で何をうたったかわかっていなかったのでは」と尋ねたが、そういうことではなく、へただ、ひとつうたうだけで、わかるはずだという。

現代壮文	日本語訳

61 男

gyoengq cangh doz rox naenj	屠殺職人は
guh aen caengh siuj nginz	小人のように秤をつかう(1)
gaen noh veh haemq bingz	もうひとかけ付けて平らにすればいいのに
baeuj naed lingz caemh ndaej	ひとつおまけにくれるのでもいい[1]
hunz ra cim emq gaeuj	人の目が針をみていると
cij lai baeuj di naeng	やっとひとかけのせようとする
gyoengq cangh doz rox naenj	屠殺職人は
guh aen caengh siuj nginz	小人のように秤をつかう
mwngz naeuz de sim cuk	あなたはいう、彼は満足していると
doz caengh dub byai din	(天秤の)皿が足にあたっているよ
gaen noh veh haemq bingz	もうひとかけ付けて平らにすればいいのに
baeuj naed lingz caemh ndaej	ひとつおまけにくれるのでもいい[2]

62 女

yawj hunz ngengh loq hung	その人はとても大きいのに
caemh gaen rungz dieg naengh	ガジュマルの木の根本に坐って
ij deng gaej lai raemh	陰を得ようとしている
hawj hunz cingq gawq riu	そして人に笑われるのだ[1]
hauh naeuz loq sij saeq	もしも気をつけていたならば
mbangj baez ndaej hwnj hung	(陰は)少しは大きくなるかもしれない[2]
yawj hunz ngengh loq hung	その人はとても大きいのに
caemh gaen rungz dieg naengh	ガジュマルの木の根本に坐って
bonj laiz mbau de gyoh	もともと彼の容貌はいいのだが
caiq de hoz loq gaenj	喉元が緊張している(1)
ij deng gaej lai raemh	陰を得ようとしている
hawj hunz cingq gawq riu	そして人に笑われるのだ[3]

語釈(明朝体)および文の解釈(ゴシック体)	フォンの解釈(明朝体)および批評(ゴシック体)
（1） 一斤の肉を天秤で量るとき、水平になれば、一斤とする。（目方が）少し足りないときは、普通はもう一塊のせて水平にする。しかし（小人物は）あらかじめ少ない目に入れておいて、おまけするよと言って付け加え、その実、水平になっていなくても、それでよしとする。	［1］ 相手のフォンは役不足だ。もう少しがんばれないのか。 ［2］ これはよい。うたがつながっている。内容も同じだ。
（1） 癲癇を起こしていることをいう。壮語では「喉がイガイガする（腹が立つ）」「喉が甘い（幸せだ）」のように、喉を用いて感情を表現する。	［1］ あなたは他の人とだったら、フォンの掛け合いができると思う。でもそれだけのことで、わたしを負かすことはできないだろう。 ［2］ 気をつけていたら、良いフォンがうたえるかもしれないよ。 ［3］ ちょっと聞いた分にはいい感じがするが、本当はたいしたことがない。

現代壮文	日本語訳
63 男 gyaj cvang baez ra laep cingq gya caeg venj ranz de guenj gvat haeux gang ngaiz faex hanz mboengj hwet	寝たふりをすると 泥棒は壁に穴をあける 彼が缶の中の米を盗もうとしたら 天秤棒で腰をぶってやる[1]
hoij (hai) daeu ruennz gyux gyux yaep niuj rwz mwngz fak gyaj cvang baez ra laep cingq gya caeg venj ranz	ギイギイと門に登って開けようとしたところを おまえの耳を打つのさ 寝たふりをすると 泥棒は壁に穴をあける
vaiq hwnq hax dax au aeu faenz rauq ma gyangz de guenj gvat haeux gang ngaiz faex hanz mboengj hwet	おじさん早く来てください 鍬で突いてください 彼が缶の中の米を盗もうとしたら 天秤棒で腰をぶってやる[2]
64 女 sau diengz bwnh ndaej ngaenz huhz guenj yaengz naj mwt gaeu ndaw daeh mbot mbwt hawj daih lwg fat caiz	トイレを掃除していたら、コインを見つけた(1) 人はばかにするけれどもね[1] 私の懐には（お金が）いっぱい 子供の世代を金持ちにさせる
gaeu ndaej yungh gaej soiq mwngz sim goih dwg caengz sau diengz bwnh ndaej ngaenz huhz guenj yaengz naj mwt	私は何年も使えるだけのものを持っている あなたは人を疑っているようだけど[2] トイレを掃除していたら、コインを見つけた 人はばかにするけれどもね
gaeu cix baengh mbaeuj lau caiq goeng au faeuq nduk gaeu ndaw daeh mbot mbwt hawj daih lwg fat caiz	私は大丈夫だ、恐れてなんかいない お金はあるけどそれを見せびらかしたりは しない、そういう人が隣にいるのさ 私の懐には（お金）がいっぱい 子供の世代を金持ちにさせる

語釈（明朝体）および文の解釈（ゴシック体）	フォンの解釈（明朝体）および批評（ゴシック体）
	［1］　私がフォンが上手くないふりをすると、あなたはもうフォンは出ないと思うだろうが、そこであなたをうち負かすのさ。
	［2］　どんな風にしてもあなたは私を打ち負かすことはできない。
（1）　トイレ掃除は賢い者のする仕事ではない。でも人がどのように言ってもいいよ、そこでお金をひろったんだ。	［1］　あなたは私をばかにするけど、私のフォンはあなたのよりはずっといいよ。
	［2］　私はうたえるよ。かさねていうと、それをひけらかしたりはしない、うたえる人が横にいるのさ。

現代壯文	日本語訳

65　男

rox mwngz fat yan yaet	あなたに疥癬ができているのは知っている
sawz baez byaek gyaux bya	おかずに魚を混ぜてみれば(1)
yaep yied baez yied na	たちまちどんどんひどくなる
byawz caeu va buenx leq	誰が肩胛骨を掻いてくれるだろうか[1]

oen byaz coeg yienz in	竹で刺せば痛いかもしれないが
deng byaengj lingz ngengh sieb	毛虫に触れればもっと痛い
rox mwngz fat yan yaet	あなたに疥癬ができているのは知っている
sawz baez byaek gyaux bya	おかずに魚を混ぜてみれば

oj cix sinq mbaeuj sinq	信じても信じなくともよい
gaeuj mwngz dingq byawz nda	どちらがうまいか聞いてみてごらん
yaep yied baez yied na	たちまちどんどんひどくなる
byawz caeu va buenx leq	誰が肩胛骨をかいてくれるだろうか[2]

66　女

gangj sam ngoenz mbaeuj mbwq	三日語りつづけてもあきないようだ[1]
van sw bu quiz yinz	全てのことにたいして、人の助けを求めない(1)
baenz baez yaeuq giuj din	いつも太股を
aeu byaengj lingz bae lvat	毛虫に(晒しながら)、林を行くのだ[2]

nduk ndaek yienz baenz ndong	山毛薯は、あちこちにある(2)
cug baenz gyoengz gienj gyu	串刺しにして塩をつけますか[3]
gangj sam ngoenz mbaeuj mbwq	三日語りつづけてもあきないようだ
van sw bu quiz yinz	全てのことにたいして、人の助けを求めない

aeu mbaet ma rau byiek	枡で薯を量ろうにも
hanz hix bwed mbaeuj bingz	どのようにしても平らにはならない[4]
baenz baez yaeuq giujdin	いつも太股を
aeu byaengj lingz bae lvat	毛虫に(晒しながら)、林を行くのだ[5]

語釈(明朝体) および文の解釈(ゴシック体)	フォンの解釈(明朝体) および批評(ゴシック体)
(1)　魚を食べると、疥癬はひどくなるという。	[1]　肩胛骨の下を搔くのはむずかしい。あなたはより困難に陥るだろう。
(1)　他の人と上手くやっていこうとしていないようだが、それではだめだ。 (2)　毒があるので、食べられないという。	[2]　私は知っている。あなたが私に勝つことができないことを。あなたは私のフォンを受け入れることはできない。もっとすごいのをうたってあげよう。 [1]　自分のフォンが素晴らしいと言い続けているようだが。 [2]　女は男を毛虫に見なしている。 [3]　あなたのフォンはたくさんあるけど、どうしようもない。 [4]　あなたと私のフォンが同じ水準だなどということがあるわけがない。私の方がうまいのさ。 [5]　脚（5678）は違う内容にいってしまっている。つながっていない。

現代壮文	日本語訳
67 男	
nduj ndaek vunz ndaej gw	山毛薯を人は食べるだろうか
caemh mbaeuj lw daengz cenh	ハリネズミに残しておいてやるのではないだろうか
yaeuq lengq raeuz raen gvenq	私たちのところではそうしてきたよ[1]
mak henh venj gwnz go	苦楝樹の実は木の上に残っている
bi nienz cingz fung cuk	毎年たわわに実をつけても
saeq lengq hwmj dwk bwq	四方いたるところで大きくなっても
nduj ndaek vunz ndaej gw	山毛薯を人は食べるだろうか
caemh mbaeuj lw daengz cenh	ハリネズミに残しておいてやるのではないだろうか
doengh mwnq dieg gwz raeuz	私たちの村では
mbaeuj damz naeuz coenz rengx	干ばつという言葉を口にしたことはない
yaeuq lengq raeuz raen gvenq	私たちのところではそうしてきたよ
mak henh venj gwnz go	苦楝樹の実は木の上に残っている
68 女	
byaek sawz ya mbaeuj lw	薯の葉や茎も余しやしない
aiq ndaej yw caz lad	瘡を治すことができる
sien seng rox dox hap (gap)	お医者さんなら調合できる
naih ap caemh dog roengz	薬をはればたちまち（腫れが）ひく[1]
hunz senq ndoi gvaq daeuj	（瘡は）すでによくなっている
gaej gaeuj mbaeuj hwnj rwz	ばかにしてはいけない
byaek sawz ya mbaeuj lw	薯の葉や茎も余しやしない
aiq ndaej yw caz lad	瘡を治すことができる
dang baeux lawz fat miz (caz lad)	もしも（瘡が）大きくなっているのなら
cungj senq si siengj fap	早く手当をしなければならない
sien seng rox dox hab (gap) hap	お医者さんなら調合できる
naih ap caemh dog roengz	薬をはればたちまち（腫れが）ひく[2][3]

語釈(明朝体)および文の解釈(ゴシック体)	フォンの解釈(明朝体)および批評(ゴシック体)
	[1]　あなたのフォンは山毛薯や苦棟樹のように、人にはいらないものだ。 [1]　薯にも使い道がある。私たちをばかにしてはいけない。 [2]　薯の葉は病を治すことができる。私のフォンは使えるのだ。 [3]　これは組み合わせがよい。フォンはこのようでなければならない。

現代壮文	日本語訳

69　男

bienq daengz det raeuj dot　　いつものことながら、思いがけなく熱がでると
cva canq ok daj fwiz　　　　　いそいで神様にお祈りをする(1)
gwn yaq rox gwn fwi　　　　　匂いだけ召し上がるのを知っている
senq hat cwi do mbaeuq?　　　とっくにくしゃみをしていたのではないだろうか[1]

dam doz siengj lauh cienz　　　金儲けのためにわざとしているのでは(2)
sau gaeuj yienz mbaeuj bat　　 妻は（そう）思ったが、問いつめない
bienq daengz det raeuj dot　　 いつものことながら、思いがけなく熱が出ると
cva cang ok daj fwiz　　　　　 いそいで神様にお祈りをする

heiq lau mbaeuj baenz caiq　　 借金が増えるのを恐れているのだろう(3)
doengx gaiq naex coj yaez　　　この村は本当にひどい
gwn yaq rox gwn fwi　　　　　 匂いだけ召し上がるのを知っている
senq hat cwi do mbaeuq?　　　 とっくにくしゃみをしていたのではないだろうか(4)[2]

70　女

gyau ndwen sam dox daeuj　　　三月になると
byaek heu mbaeuj gaeuq gaej lai　野菜が少ないことはご承知のとおり(1)
donq naengz ij haeuj daiz　　　　菜がなくとも食卓につかねばならない(2)
dan dox yaiz cij suenq　　　　　 お互いに譲りあって、それでよしとしよう[1]

hauj naeuz hek haeuj ranz　　　　お客様を家にお通ししたら
lij wngq dang baeuj laeuj　　　　 熱燗をすすめるべきでしょう[2]
gyau sndwen sam dox daeuj　　　 三月になると
byaek heu mbaeuj gaeuq gaej lai　 野菜が少ないことはご承知のとおり

hau ij soengq haeux cuk　　　　　お粥をさしあげたのに
naengz swd mbaeuj mwngz haiz　　あなたはそれを吐き戻すつもりですか[3]
donq naengz ij haeuj daiz　　　　 菜がなくとも食卓につかねばならない
dan dox yaiz cij suenq　　　　　　お互いに譲りあって、それでよしとしよう

語釈（明朝体）および文の解釈（ゴシック体）	フォンの解釈（明朝体）および批評（ゴシック体）
（1）　村の人は病気になったら、まず算命（占い）をして、神に祈るという。先ほど女が病気は薬で治すといったので、男は神様に祈って治す方法もあるといっている。 （2）　占いは巫女がトランス状態でおこなう。ここではそのトランス状態を、商売の為の演技だと疑っている。 （3）　占いでは病や貧困の原因はともに異界からのシラセであると考える。 （4）　あなたは何をしても、よくはならないだろう。お金を使うだけだ。 （1）　広西では、端境期のため三月になると野菜が少なくなる。 （2）　野菜は若いものを使って料理してはじめておいしいのに、とうのたった野菜で料理している。	［1］　あなたとは違ううたい方もある。 ［2］　あなたのフォンは使い物にはならないだろう。 ［1］　李超元のフォンは夜半過ぎからよくなくなった。 ［2］　聞き手の皆さんもたくさん来ているのだから、お互いに譲ってばかりいないで、早くうたい始めるべきです。 ［3］　私たちはフォンの掛け合いをはじめました。それがどのようなものであっても、私は続けたいとおもいます。あなたも途中でやめるべきではありません。

現代壮文	日本語訳

71　男

meh son bawx gueg coiz　　姑が嫁に粽作りを教える
de siengzj soiz roek raemq　彼女は繰り返し思う
lai mba mbaeuj yaeuq gaenj　粽の数は多くてもかまわない
ij aeu baenj lumj vunz　　　他の人がこねるように、(うまく)やりたいものだ [1]

faen gwz gaeu soj siengj　　分け前にあずかるためには
caenh mbaeuj duenh soen foiz　ひっきりなしに柴をくべなければ [2]
meh son bawx gueg coiz　　姑が嫁に粽作りを教える
de siengzj soiz roek raemq　彼女は繰り返し思う

dangh naeuz caen miz mba　本格的に粽を作るのならば
menh cij ra daeuh ndaengq　草木灰に浸さねばならない (1)
lai mba mbaeuj yaeuq gaenj　粽の数は多くてもかまわない
ij aeu baenj lumj vunz　　　他の人がこねるように、(うまく)やりたいものだ

72　女

gyau baengz yaeux gwnz gai　街の人と友達になるには
byaek ij lai haemq foih　　肴によりよい味が必要です
hanz soiz dem ciet hoiq　　祭の日にかぎらず
gaej dam soih gvaq ngoenz　何かださなければなりません (1)[1]

doengh hoij hunz cingh liengq　人はしっかりと見ています
cungj mbaeuj suenq mwngz gvai　あなたはかしこいとはいえません [2]
gyau baengz yaeux gwnz gai　街の人と友達になるには
byaek ij lai haemq foih　　肴によりよい味が必要です

mbangj baeux hunz daeuj gwn　彼がやってきて(食事を)したら
cungj caemh yiengz fat hoiq　やはり癇癪をおこすでしょう [3]
hanz soiz dem ciet hoiq　　祭の日にかぎらず
gaej dam soih gvaq ngoenz　何かださなければなりません

語釈(明朝体)および文の解釈(ゴシック体)	フォンの解釈(明朝体)および批評(ゴシック体)
	［1］　人がうたえば私もうたいかえしてきた。とまらずにうたってきた。あなたは私によいフォンをうたえと言うけれど、自分のフォンはどうなのですか。 ［2］　フォンはうたわれているのだ。途中で止めるわけにはいかないだろう。もっと良いフォンをというのであれば、わたしは策を講じることができる。
(1)　粽を作る前には、灰汁に米を浸しておく必要がある。	
(1)　農村では日常の食事には、肉や魚はまず食べないが、街では普段から肉や魚を食べる。	［1］　私は有名な歌い手だ。だからあなたは必ずよいフォンをうたわなければなりません。でないと私の口にあいません。 ［2］　ここに来ている聞き手の皆さんは、あなたのフォンがよい出来でないことを知っている。 ［3］　聞き手のなかには、よいフォンでないと癇癪をおこす人もいるのだから。

現代壮文	日本語訳
73　男 gaiq naex byaeux gueg cwng mbaeuj dwg vunz naem caep	何もないのに秤にかける その人はけちなのではないだろうか[1]
74　女 mbaeuj caz ij aeu diet gaej bae biet cangh cae gaenq gwn hauj lai gyae dan dan baez neix roeb	鉄をつくる職人を探しあてないことには 鋳物屋の職人には手の打ちようがない[1] これまでうまくいっていたのに こんなところでこんな目にあうなんて
cingq sik dwg loh soh diz fag ngo mbaeuj iet mbaeuj caz ij aeu diet gaej bae biet cangh cae	ほんとうにじゃまくさいことになったものだ 小さな鍬さえ、打つことができないなんて(1) 鉄をつくる職人を探しあてないことには 鋳物屋の職人には手の打ちようがない
naeuz dungx haemz mbaeuj sauj ndaej guez gyauj baen lai gaenq gwn hauj lai gyae dan dan baez neix roeb	苦々しいったらありゃしない 不可思議なことがこんなに多いとは これまでうまくいっていたのに こんなところでこんな目にあうなんて

語釈(明朝体)および文の解釈(ゴシック体)	フォンの解釈(明朝体)および批評(ゴシック体)
	[1] これは、道公のフォンとはちがって、ひとつうたえばひとつという類のフォンである。 　道公のフォンというのは、葬式の際にうたわれるフォン・サンのことを指す。フォン・サンではうたうべき事柄が、慣習的に決まっている。それらを全てうたい抜いて、はじめてフォンをうたったことになる。それに対して歌掛け祭のフォンは、どこでやめてもよい。ちなみに、73のような中途半端なフォンは、一晩を通しての掛け合いの場では、しばしば見られる。
(1)　鉄がよくないので、鋳物を打つことができない。	[1]　私がよいフォンをうたってあげなければ、あなたもよいフォンを返すことはできないだろう。鉄と鋳物の職人の関係のようにどちらがいなくても、成り立たないことを言っている。

現代壯文	日本語訳
75　男 nda goij mbat hangx saez cungj baez baez mbaeuj ndaej Cuenghbongz fawz haemg raeh caux raep gaeq caeux rumz	ビクの尻を何度かゆらすが 何度やっても入っていない 賓陽⁽¹⁾の人は手が器用なものだから 鶏籠を作る、でも風を飼っているよ⁽²⁾[1]
nda diuz diuz dox caemh ngaex daeuj baengh rai maez nda goij mbat hangx saez cungj baez baez mbaeuj ndaej	バタバタしても同じものばかり こんなのはほんとうに死にそうだ ビクの尻を何度かゆらすが 何度やっても入っていない
din fawz mwngz mbaeuj bienz rox naeuz liemz mbaeuj raeh Cuenghbongz fawz haemg raeh caux raep gaeq caeux rumz	手足が不器用なくせに 鎌が切れなくてなどという 賓陽の人は手が器用なものだから 鶏籠を作る、でも風を飼っているよ
76　男　女がうたわないので、つづけて cawj byaek gw mbaeuj faeh (foih) yawj aiq noix di lauz caez gyeq ij yau lauz aeu gaenx ndau ak (fonj)	煮物の野菜なんておいしいわけがない⁽¹⁾ やっぱり少しは油を入れないとね 皆で油を注ごう しっかりと混ぜ合わせよう
ngah saek saez haeux guenq mwngz guenj suenq bienz ngaez cawj byaek gw mbaeuj faeh (foih) yawj aiq noix di lauz	少しでいいから釜飯が食べたいな あなた少しまけてください 煮物の野菜なんておいしいわけがない やっぱり少しは油を入れないとね
saeq soiz gw byaek mbungj gw cingz lumj haeu dau caez gyeq ij yau lauz aeu gaenx ndau ak (fonj)	いつもいつも翁菜を食べていたら 食べようとしても鼻につくよ[1] 皆で油を注ごう しっかりと混ぜ合わせよう

語釈(明朝体) および文の解釈(ゴシック体)	フォンの解釈(明朝体) および批評(ゴシック体)
(1) 前出58を参照のこと。 (1) 鶏籠ができあがっても、肝心の鶏がいない。	[1] あなたは歌上手と聞いていたが、実際にフォンの掛け合いをしてみたら、上手くなかった。
(1) 生食する香味野菜以外は、野菜は炒めて食べるのが普通である。ちなみに彼らにおひたしを食べてもらったことがあるが、一口でまずいと断じられた。	[1] あなたのフォンはずっとこんな感じだからあきてしまった。

現代壮文	日本語訳
77 女 ciq san boiz haeux raeh sueunq daeg naex loq gvai gueq naz bet dangq ndai cix hai lai guegq canh	米を借りて稲で返すなんて(1)[1] この男、やりすぎではないの 田を八回も耕して 薄利多売だって(2)[2][3]
78 男 maiz mingz cang daj buenq caep cwk suenq gw hunz mbaeuj hengz di sim bwn ij gw rumz do loh	着飾っているだろう、みえみえに あなたを食い物にしようというつもりだ(1) こんな事でもやらない限り 風を食べてよしとしなければならないのさ(2)
79 女 gaej baenz lai saenz goi gah vi foiz soed aek yaep cingz ram rumq maek caengj yawj daeg rawz rengz?	そんな風に考えるべきではありません 自分のポケットにマッチを放り込むような 臼を担いでみますか すぐに兄さんに力がないのがわかります[1]
80 男 gaiq naex naz loq net ngangx gawq beg meh vaiz daj ang rengz loq lai mwngz hai gvai loq gvenq	この田（の土）は実に固い 雌の水牛をたたいてたたいて 力を引き出す あなたはかしこく(手を抜いて)やろうとしている[1]
81 女 gyauq genz gwnz bu cauj gaej gueg gyauj mbaeuj goiz dangq byawz he mbaeuj ndoi gaeuj coiz ra ij doek	草地で拳をうつ たまにはうまくいくかもしれないが 誰がうまくないのか しばらく見ればわかるさ[1]

語釈（明朝体）および文の解釈（ゴシック体）	フォンの解釈（明朝体）および批評（ゴシック体）
（1）　一斤の稲は六両の米に相当する。 （2）　田をおこすのは二度もすれば充分なのに、必要以上に耕して、もうかったという。実際は耕しすぎると、田はだめになる。 （1）　はっきりとわかるだろうが、私は商売人なのだ。あなたを食い物にしようとしているのさ。 （2）　あなたを食い物にしなければ、飢え死にしてしまう。	［1］　私がよいフォンをうたってあげているのに、あなたの返歌はくだらないフォンばかり。 ［2］　数をうたっているだけ。 ［3］　脚がないのは、四句でうたいかけられたからだ。四句には四句で答える。四句のフォンは早く作らなければならない。八句はゆっくりでよい。四句は三分ぐらいでうたう。ここからは早くフォンを作る競争になる。 ［1］　いま女の歌い手は勝負をかけようとしている。ここで李超元が切り返さないとだめ。彼はいつも切り返す。 ［1］　私のフォンは強いのだ。がんばれるかね。 ［1］　あなたのフォンがあまりにもへたなので、人はがまんできない。

現代壯文	日本語訳
82 男	
mbanj iq ranz goij gya	小さな村には家が数軒
baengh ciengx ma guh ak	犬を飼って強そうにみせる
baeux lawz daenj buh yak	破けた服を着ている者には
gingq ngangi rab giuj din	犬にむりやり踵を噛ませる[1]
83 女	
gaej yungh naeuz vunz rungh	山の人だと言わないでください
gauj engq hwnj da yoz	大学だって受かった
hab haenh yaeuq ndaw hoz	肉でお腹がいっぱい
dauq cezyoz haeux fiengj	ヒエは余ることになる(1)[1]
84 男	
bit daz gaeq roengz raemx	鴨が鶏をつれて河に下りる
duz ak maenh gingq riuz	（泳ぐことが）できるものだけが流れにのる(1)
mbiengj doengh ngoz dieg gyaeuh	切り立ったところで
yienz mbaeuj yaeu raemx dumh	水の流れが渦巻いていてもこわくなんかない(2)[1]
85 女	
yingz yienz mbaeuj daiq gvai	とうていかしこいとは言えません
ngangx beng vaiz hwnj dat	牛を無理矢理ひっぱって崖にあげようとしています
dangq naeuz yiu mbaeuj ak	牛は登ろうとしないので
anq gat cag dangq henz	縄は切れてそれでおしまい[1]
86 男	
guk beuq bungz bak lungz	虎と洞穴で出会ったという
hangz cwz lwnz yienz ak	牛飼いは強いと聞いていたが
roengz bingz yangz caemh sat	平地でもなすすべがない
hawj ma sap beng rwz	小犬にまで耳をかじられた

語釈(明朝体) および文の解釈(ゴシック体)	フォンの解釈(明朝体) および批評(ゴシック体)
	[1]　男を小さな村としている。私の村は小さいけれど、犬がいるよ。ここで将宏は81につながらないことに気づき、女のフォンを聞いてみよう、そうすればはっきりわかるといい、考え直して解釈を変え、小さな村を女とした。 **破けた服（フォンの上手くない人）を着た者をおどすことはできるけれども、私は破けた服なんか着てないから、おどせませんよ。**
(1)　山では米はとれない。でも大学に受かって街に出たので、肉でお腹がいっぱいだ。家のヒエは余っているよ。	
(1)　いっしょに泳ごうと声をかけたけれども、あなたは泳げないのだね。 (2)　水の流れが渦巻いていても、私は戻ってくることができるが、あなたにはできない。	[1]　男は鴨。女は鶏。**私をばかにしてはいけない。私のフォンの方がうまい。どうすべきかを知っているもの。**
	[1]　男は牛。ばかな牛はこわがって登らないので死んでしまう。**私のフォンより上手くうたわないと、やめてしまうよ。**

現代壮文	日本語訳
87 女	
gaeq dox doj youq bak daeu	門口で鶏どうしが喧嘩した
duz goeng saeu caemh faenh	カタツムリまでが加勢している
riu gij maz vaeng vaeng	何を喜んでいるのだ
mwngz baenz baenz cungj ruenz	おまえは始終這っているのが関の山(1)[1]
88 男	
gyoengq sae goeng Haw da	大市(地名)の道公は
maiz mingz ngah foiz dong	見るからに火を楽しんでいる
laep ra guh gawq gyongz	目を閉じて唱えれば
yaep cingq mon caemh vaiq	たちまち火は消える(1)[1]
89 女	
gaet buh sam baez con	ボタンを三度とめようとしたが
gaej liengq gon lai nwq	ボタンホールを見ていない
baez de dawz rumz luj	いつも彼はこんなふうなのだ
baenz rawz guh goeng sae	どうして道公なんかになれるだろうか
90 男	
gw haeux dwk dungx rem	飯を腹いっぱい食べてから
cij loh genz dok caq	油を搾りに行く
yaeuz ok roengz ca ca	油はざあざあと流れ出る
gaeu ging va daih siz	わたしは大きな木槌をも持ち上げることができる[1]
91 女	
Yiengz cunz cangh daj daeuq	楊村(地名)の木工は
song donq haeux gyaeb baez	二度の食事を一度ですます(1)
saez gan gek mbaeuj raez	(食事と食事の間の)時間は長く感じないのだろうか
menh daih caez mbat dog	みなさん、こんなことは彼だけですよね[1]

語釈(明朝体) および文の解釈(ゴシック体)	フォンの解釈(明朝体) および批評(ゴシック体)
（1） 鶏は走ることができる。カタツムリは這うことしかできない。それなのに鶏の喧嘩に参加しようなんて、お門違いだ。	［1］ 私は鶏。あなたはカタツムリ。
（1） 道公は火を好むとされている。道教儀礼の代表的なものに、「上刀過海」（火渡り、刀渡り）がある。	［1］ 男が道公。どんなすごいフォンでもたちまちやりこめてしまう。
	［1］ 私は準備万端整えてうたうのだ。
（1） 米が少ないので、二度の食事を一度ですまさなければならない。	
	［1］ あなたのフォンは少ない。

現代壮文	日本語訳
92　男	
seng oiq caez suenq gvai	商売は賢くやらなければ
ngangz hai lai guh canh	しっかり売って多く儲ける
caengh byaek heu mbaeuj naemq	秤の（上の）青菜が重くなければ[1]
ngangz cimq raemx aeu hingz	（青菜の上に）水をまく
93　女	
naeuz uj gi yiq gauh gyangz	武術が勝れているというが
vad faex hanz lij doek	天秤棒すら落としているではないか
caengz yangz duz mboi loet	勇敢な者にであったら
rieng doq boeb haeuj ranz	尻尾を巻いて家に入る[1]
94　男	
laux cix ndaej ngi naeuz	この歳になって始めて聞きました
hoiq max laeuz doek dat	サルが崖から落ちるのを恐がるということを
faex sang soj miz mak	木の上のすべての果物を
cungj gvaq bak de cimz	ぜんぶ食べたことがあるというのに[1]
95　女	
naj byak nding daeg cwz	額の白い(1)黄牛も[1]
sip haeuj rwz hoj (mbaet)	耳に蚤が入っては取り出すことはできないだろう
gyah sangq cuengq doengh haet	朝早く放されて
duz nengz yaek cingq comz	藪蚊が集まっているよ[2]
96　男	
naej byaeuq gaej baeux lwg	このあたりの子は
nengz haeux cwd dox doengz	もち米が好きなのだ[1]
daj mwngz ok ndit oem	太陽が照りつけても(1)
cungj mbaeuj gongz lauz lig	苦しいなんて思わないさ[2]

198

語釈(明朝体)および文の解釈(ゴシック体)	フォンの解釈(明朝体)および批評(ゴシック体)
	[1] 私をばかにしてはいけません。商売人のように賢いのですから。あなたのフォンを失敗させてやる。
	[1] フォンが上手いといっていても、歌上手がやってきたら尻尾をまいて、逃げていくにちがいない。
(1) 額の白い黄牛は数が少ないという。	[1] 男はサル。いいがかりをつけるのはやめてください。これまでどのような歌い手をも負かしてきた私に、能力がないなどと。 [1] 自分が特別だと思ってきたかもしれないが、私には勝てないだろう。 [2] がまんできるかね。
(1) もち米を食べた後で太陽に照りつけられると、喉が渇いて苦しいという。	[1] 私たちはみなフォンをうたうことが好きだ。 [2] フォンでやりこめられても、平気だよ。負けないよ。

現代壮文	日本語訳
97　女 dieg raeuz vingx mbaeuj raen caiq ciz gaeng guh angq mbaeuj dwg luj Sok mbanj daengj naeuz langx namz gva	私の村では見たことがない (だから)サルに好きなようにさせてやるさ 馬頭村のように かぼちゃが惜しいとは言わない
98　男 gueng laeuj gaeq baeux rangz cix baij hangz dox doj ak mbaeuj ak vunz rox gaeuj oj oj dog rean	若鶏に酒をやると すぐに鶏冠をふって喧嘩をする どちらが強いかな コッコッ、すぐにわかるさ
99　女 doiq bi cix roeb saez dem loeg gaez dwk cik rox de baeux lawz gik cingq ngaiz dik duq baeu	年に一度、出会う そして棒を飛ばし合うのだ 誰が遠くまで飛ばすか当ててごらん 今、踝で蹴るから
100　男 gauq vaq muengh haw lek ngangz gyet deb gwnz daiz yiem noix mbaeuj yiem lai anq hoi sai dang fij	乞食は市が混乱するのが好きなものだ 店先の皿をとる 少ないのはいやだ。多いのがよい 帯を解いて満腹
101　女 Cejciuz gengq gya singq senq senq dingh hawj vunz yawz yah vanj cuk gwn yaengz daengz mwngz hah nwj	シュウねえさんは名が通っている 早くから人と約束してある 余ったお粥を食べることを あなたには回ってこない

語釈(明朝体) および文の解釈(ゴシック体)	フォンの解釈(明朝体) および批評(ゴシック体)
(1) 馬頭村は山に近くてサルが多い。地味が貧しいのでかぼちゃを植えているが、それをサルに食べられるという。	[1] 私はフォンをうたうのが好きなのだ。他の人のようにフォンがうまい人をこわがったりはしない。
(1) 以前、しばしば匪賊がこのあたりの定期市を襲った。匪賊がやってくると屋台の売り手は逃げるから、店に人がいなくなる。そうすると乞食が屋台の食べ物を好き放題に食べたものだった。 (1) シュウねえさんは鳳林村に住む盲目の乞食の名前。物をもらうのがうまかった。 (2) 余ったお粥を食べられるように約束してある。残り物を食べるのは彼女であって、あなたではない。あなたは市が混乱してはじめてご飯を手に入れるが、シュウねえさんには、人は喜んでご飯を恵むのだ。	[1] 年に一度だけフォンを掛け合うのだ。今のところどちらが失敗したのかわからないが、失敗した方が負けだ。 [1] 私は歌い手だ。あなたが失敗するとうれしい。自分が利を得るから。 [1] 私のフォンの方がすごいね。

現代壮文	日本語訳
102　男	
gaej hoiq baenz lai yung	そんなに気に病まなくてもよいのだ
yanh mbaeuj gwn nag coemx	ハクカンはムシャムシャとは食べないから(1)
ndaek mwngz rengz loemx coemx	あなたはそんなに力があるのなら
coj duj goenq bae hai	木の根っこでも売ってきたらどうですか(2)[1]
103　女	
gij vaiz lwnz mbanj Caeng	曽村の牛追いは
senq ndaemq ndaeng dwk ciengx	鼻に（綱を）通して飼っている
haj rox naeuz ciq coh	人のものを借りて
camx gvaq loh saek baez	道を渡ろうとしている[1]
104　男	
rox saek song go yw	ふたつばかりの薬草を知っているからといって
uq cod rwz doengh daeg	ばかにしてはいけないということがあろうか
mbangj baez byaij raen laep	暗い道を歩いていて
ngwz caemh haeb daeuj rwz	蛇に耳をかまれたことがあるだろう[1]
105　女	
cvang daeu diengz loh gvangq	大通りに面して牛小屋の門をつけ
ciengx vaiz ngangq gw rum	大きな水牛に草をやる
daeu hoiq baenz lai yung	そんなに恐れなくともいい
cix caih mwngz haeuj ok	出入りはあなたに任されている[1]
106　男	
gaeq dox doj moengz loengz	鶏は闘って朦朧となっている
damz doz con laj oiq	しばし脇の下に隠しておこう
bak yienz dot loq doih	口先だけは立派だが
fug hoiq hawj gwz vunz	参ったと言わざるを得なくなるだろう[1]

語釈(明朝体)および文の解釈(ゴシック体)	フォンの解釈(明朝体)および批評(ゴシック体)
（1） ハクカンはキジ科の鳥。	
（2） 売れるのは薪であって、木の根ではない。木の根を売るのは愚かな者だ。	[1] 相手をばかにした言い方。
	[1] 二句（１２と３４）がつながらない。韻も踏んでない。鼻に（綱を）通して飼っている→繋いである→動けない、人にものを借りてでも道を渡るということなんだろうが。よくわからない。
	[1] 少しばかりフォンがうたえるからといってそれがどうしたというのだ。いつの夜にかフォンの掛け合いをして、負けてしまったことがあるだろう。
	[1] 私のフォンは様々なことをうたうことができる、お望みなら話題を広げてあげる。
	[1] あなたのフォンもなかなかのものだが、最後には降参せざるを得ないだろう。

| 現代壮文 | 日本語訳 |

107 女	
doeng mbaeuj rox gw laeuj	お酒を飲まない者は
cix naeuz mbaeuj roengz ndo	麹を入れなければいいのにという
dingq ngi ha da goh	聞こえましたか、お兄さん[1]
naemj sai hoz emq yoj	喉の具合はいかがですか

108 男	
cang moh gw muengz cungq	芒種にお墓参りをする
lwg cix mbaeuj hwnj da yoz	(それでは)子供は大学に受からない(1)[1]
cij yaeuq ranz hai gyo	ただ家にいて
haex caemh hoz gumq nding	牛の糞を拾っている

109 女	
gyoengq raeuz daj lij iq	私たちは幼い頃から
mai gan di yangj yangz	ずっと羊の番をしてきた
yiengz ndaej hwnj bingz fangz	そしてコンクリートの家を建てたのだ(1)[1]
de ngangx mbaeuj siengj hawj	彼はそんなことはないと思っているようだけど

110 男	
gauj vaq naeuz mbaeuj dungx iek	乞食はいう、お腹いっぱいだと
hong cij vamz byiek haemz hawz	なのに生煮えの薯に手を伸ばす
baez de gvangz ra saw	いつも彼の目は朦朧としている
Cix gah ngawz ndaej mbaeuq	自分を騙しているのでなくて、なんなのか(1)[1]

111 女	
vih saez gonq dox go	この前ご馳走をした時
yaeuq cangh doz yiemq baeuh	肉屋が休みだった
sojlaiz yiu doih daeuj	だからあなたをもう一度招きたい
caengh boiz gaeuq boi law	その分の埋め合わせをしたいから[1]

語釈(明朝体) および文の解釈(ゴシック体)	フォンの解釈(明朝体) および批評(ゴシック体)
(1)「お墓参りは芒種ではなく、清明ではないか」と私が尋ねると、将宏は押韻のためだという。再び私が「芒種にまで墓参りをしたのに、大学に受からなかったということなのか」というと、芒種にお墓参りをしても、いいことはまったくない。大学だって受かっていない。時期をまちがえていることをうたっているのだから、ここは清明ではなく芒種でなければならないと強調した。 (1) 羊を飼うのにも能力がいるのだ。羊飼いを見下げてはいけない。あなたは私がそのようにして上等な家を手に入れたことを、決して認めようとしないだろうが。 (1) 生煮えの薯は食べられたものではない。それなのに手を伸ばす。満腹だと言いながら。	[1] あなたは私のフォンをだめだという。そういうあなたのフォンはどうなのでしょうか。レベルが足りないのではないですか。 [1] あなたのフォンは本地の水準。それではよそでは通用しない。 このフォンはよい。 [1] 私は幼い頃からフォンを掛け合ってきた。人は私に歌才があることを認めているが、あなたは認めようとしない。そして私のフォンがよくないという。 [1] あなたは自分はフォンがうまいといっているが、そうだろうか。自分を騙しているだけではないだろうか。 [1] 以前私たちはフォンを掛け合った。その時の分も埋め合わせするから、もう一度フォンを掛け合おう。

現代壮文	日本語訳
112　男	
doengh baez ciq haeux san	昔、米を借り
saez naex vanz meg gak	いま三角麦を返してきた
rox mwngz ak suenq fap	あなたはなんと計算高いのだろう(1)[1]
daiq baenz rap lwg buenz	ひとかかえのそろばんを持っている
113　女	
hai mingz guh cangh dauh	わたしは道公だ
liengq baeux sauj ngoengq ngiq	愚かなおばさんを見つけると
dang cienz saeh noix di	代金が少ないといって
gaeq meh miz cungj gaj	雌鶏まで持ち去るのだ[1]
114　男	
dang caen baenz lai ak	ほんとうにそんなにすごいのですか
yawj ndek nag mboengj daemz	カワウソが溜め池の魚を捕っている
bya ce duz gaej gaen	その後ろで何十匹の鯉が(1)[1]
yaeuq bauh laeng fok raeq	卵を生んでいる
115　女	
duz yungz yienz ak haeb	蚊は強く咬むかもしれないが
duz maet eng gya con	蚤はもっと強く刺す
sai vaq saez bienh ndonj	あるときは襟元を
yaep caiq con buenz leq	あるときは肩胛骨を[1]
116　男	
Cangz gyangh nganq daeq nganq	長江の向こう岸まで
yawj boh lang dauh dauh	波が浪々とあるのをみる
naeuz maenh ak gaem gau	(あなたは)漕ぎ渡ることができるという[1]
luq yauz cih maj lig	道は遥か、(自分の)力を知っていますか

語釈(明朝体)および文の解釈(ゴシック体)	フォンの解釈(明朝体)および批評(ゴシック体)
(1) ひどい物言いだ。埋め合わせるといって、米を麦で返すなんて。計算に合わないよ。	[1] あなたのフォンでは、埋め合わせはできないよ。
	[1] 私は歌い手だ。あなたのフォンがよくないようならば、いろんなものを持ち去るからね。
(1) 溜め池の水は深いので、カワウソはなかなか魚を捕ることができない。しかも魚はカワウソの後で卵を生んでいる。カワウソの技量では、魚はとれない。	[1] あなたのフォンの技量では、私を負かすことはできない。
	[1] 私は蚤だ。自由に刺せる。あなたは探そうとするが捕まえられない
	[1] フォンは長時間にわたって掛け合ってこそ、実力がわかるというもの。あなたの実力はどのようなものですか。

現代壮文	日本語訳
117　女	
gueg cib sam bi hoiq	十三年の年季奉公と
ciengx cib soiq bi vaiz	十四年の牛飼いをやってきた
ij naeuz noix rox lai	少ないとみるか多いとみるか
ma haenz daiz menh lwnh	食卓でじっくり検討すればよい[1]
118　男	
lae lwg noix doeg saw	この子は学校へ行っているが
baez baez dawz daih it (cek)	毎年一年生の教科書を手にしている
naeuz gonj bit mwngz lig	あなたは筆がたつというけれど
fanj wz rib haex maeu	本当は、豚の糞を集めている[1]
119　男　女がうたわないので続けて	
hai byaek cix hai raemx	青菜を売るということは水を売ること
naej cingq caemh doq yangz	そんなことが実際にあるなんて(1)
sinq mbaeuj sinq au sam	三番目の叔父さん
ndoi miz ranz doeng gya	ご主人がいない[1]
120　女	
Maj sanh dih haux seng	馬山県の青年は
naeuz goeng rengz haemq loet	力持ちだという
baeux baeux dox canj ok rog	皆それぞれが出稼ぎに行っている
(cix mbaeuj dok goenq hai)	(しかし仕事（定職）ではなく、薪を売っている)[1]
121　男	
baez noix cat daemj rai	だまされて、死んでしまうところだった
vunz daenj haiz dauq byonj	靴を（左右）違えてはいている
dam dox byaij goem goem	歩こうとしても進めない
laemx haeuj homq bae law	泥のなかで転んでしまう[1]

語釈(明朝体) および文の解釈(ゴシック体)	フォンの解釈(明朝体) および批評(ゴシック体)
	[1] 私はこんなにも長い間フォンをうたってきたのだ。これを多いとするか少ないとするか、じっくりと検討しよう。
	[1] あなたのフォンの能力はこの程度にすぎない。
(1) 青菜を売るときに水をかけて重さを増やすというまやかしに出会った。信じられますか。	[1] 最後の句は変だ。わからない。
	[1] 最後の句が無いが、こうすればつながるといって、一句を付け加えた。
	[1] あなたがこれまでうたってきたフォンは、よく考えたものではない。そのうち失敗するだろう。私はだまされていたのだ。

209

現代壮文	日本語訳
122 女 di ngaeq naex siuj gaeuj siengj glaez raeuq byag mboi ij gah naemq haemq ndoi deng saek baez cien glaen	この子犬は 勇ましく吠えるのが好きなようだ 自分自身でよく考えた方がいいよ さもないと、レンガのかけらでぶたれるよ[1]
123 男 glang lai vaiz ak (byonj) ek vi naz net boi di dang cingq caen loq vi daengz lingh bi menh fonj	疲れた牛はエック[1]をはずそうとする というのも、田（の土）が固いからだ もしもつらいというのなら 次の年にすればよい[1]
124 女 goeng noix siengj guh hong cawj mbaeuj cuengq byaeuq iu mbangj dungx fuz lengq siu ing vengz diuz emq hoengq	ここで働いているのだ ご主人さまが休みをくれないのに(どうして休むことができようか)[1] 横木にもたれてぼんやりみやる 腹がムシャクシャする
125 男 Daq caiq baeux ak sueng bau mbaeuj muengh cungj gez miz ien naengh dwk mbe caeuq lwg ngez guh doih	「ダーサイに学ぼう」[1]の時代、計算高い者は 会議が多いように願ったものだった タバコはあるし、足を伸ばして坐ることもできる 子供が側で列を作っていたっけ[1]
126 女 baengz yaeux loq siuj nginz va gva cingz ngoix cung donq donq gah gwn ndumq loq mbaeuj lumj goij lai	器量の小さな友達の（情は） 瓜の花の情にもおよばない こっそり隠れて自分だけが食べる 話にならない

語釈（明朝体）および文の解釈（ゴシック体）	フォンの解釈（明朝体）および批評（ゴシック体）
	［1］ 子犬は男。男は子犬みたいにほえ立てる。でもよく考えないと、私たちにしてやられるよ。
（1） くびき。牛に犂を曳かせるために、牛と犂をつなぐ道具。	
	［1］ そろそろ休んではどうですか。来年またうたえばいいではないか。
	［1］ この家の主人がお休みくださいといっていないのに、フォンをやめるわけにはいかない。 ［2］ 123のフォンは、もう明け方であることを示している。124のフォンの後ろの二句は役にたたない。
（1）「大寨に学ぼう」キャンペーン。山西省昔陽県大寨人民公社から始まり、全国に展開された。「自力更正、堅苦奮闘」の革命精神さえあれば、厳しい自然環境を克服し、生産性を高めることができるという趣旨であった。 実際には、みな毎日会議をして、野良仕事には行かなかったという。	［1］ うたい続けると言いながらも、疲れ果てて上手くうたえなくなった女をばかにしている。

	現代壮文	日本語訳

現代壮文	日本語訳
127　男	
ngoenz noix haw Max daeuz	今日は馬頭の市
mbangj cwng naeuz haw gyoj	覚の市ともいう
cungj suenq naeuz mbaeuj rox	(それを) 知らない者は^{(1)[1]}
menh soh soh dauq laeng	たどり着いても帰ってしまう
128　女	
doengh hau lai dih hunz	村の多くの者は
roeb goeng lungz rengz loet	伯父さんは力持ちという
baeux baeux cungj rap naek	各々重い荷を担ぐ
rox ha naet mbaeuj caengz	足は疲れませんか^[1]
129　男	
gaeu gawq faex mbaeu mbwngq	私は軽やかに木を挽く
mwngz gawq rumz haiq naet	あなたは風を挽いても疲れたと感じる
gwih max mbaeuj rox baeg	馬を走らせても疲れを知らない
bux liengq saed hoz genz	喉が苦しいのかい⁽¹⁾⁽²⁾
130　女	
hanz hix mbaeuj hoiq gyang	寒くても気にかけず
laeng hunz rap gang aeu raemx	缶をかついで水を汲みにいく人がいる
miz baez con set laemx	突然けつまずいて
haih rap hoengq ma ranz	空を担いで家に帰る^{(1)[1]}
131　男	
soiq haj bak bauq noengz	四、五百ばかりの鳴ったり鳴らなかったりする爆竹
caih mwngz oem cau coij	あなたは獅子に好きなように(爆竹を)投げなさい
bonj cienz lai rox noix	元手が少ないと
yaep daengx hoij naj raez	みな顔をしかめるよ^{(1)[1]}

語釈(明朝体)および文の解釈(ゴシック体)	フォンの解釈(明朝体)および批評(ゴシック体)
(1) 馬頭の市の別名を覚の市という。このことを知らないと、市に行きそびれてしまう。	[1] 相手を知識の無い者とみなしてあざけっている。
(1) 「喉が苦しい」とは気管が詰まって通らない感じをいう。人を妬んでいる状態をさす。 (2) 私は木を挽いても、疲れはしない。騎手が馬を走らせても疲れないように。それにたいしてあなたは、風を挽いても疲れているようだ。私のことがうらやましいかね。	[1] あなたは自分のフォンがよいという。私もあなたも、ともにフォンをうたう。あなたはその重さに耐えられないのではないだろうか。私のフォンとやり合っていくのに疲れたのではないだろうか。
(1) 水は普通桶で汲みにいく。ドラム缶を担いでは行かない。力持ちであることを誇示しても、蹉躓けば、空のドラム缶を担いで家に帰らなければならない。水は得られないのだ。	[1] 自分でフォンがうまいといっても、役に立たなければ、意味がない。
(1) 普通は獅子には一万、二万発の爆竹を鳴らすものである。あなたはそれを私に好きなように投げてもよい。なぜなら破裂はしないから。元手をかけないと、皆に相手にされないよ。	[1] あなたのフォンは少しのフォンで、わたしと闘おうとしている。それではすぐに、恥をかくよ。

現代壯文	日本語訳

132 女
goij bi moeg ciengh ndang
hej Loz ban cangh gawq
cawj mbanj faeuz dieg cawq
lij hoz hawq henz gang

大工となって数年
魯班のように仕事ができると吹聴する
大工の村では住む処さえ与えられない[1][1]
桶のそばで、喉を渇かす

133 男
gaen myez sam gaen maeu
gyoengq saeu hauj loih haih
daengj gaeu haemq swx caih
dawz bae baij hangz haw

一斤の柴で三斤の豚肉を買う
皆あなたのやり方はすごいという
そんなに簡単ならば
市に持っていって売ろうじゃないか[1]

134 女
gaej naeuz ngwz heu saeq
haeb deng ndaej rai hunz
dangh naeuz de haeb mwngz
lienz gyang hwnz cungj swenj

青大将を小さいといってはいけない
咬めば人を殺すことができる
お前を咬めば
夜中であろうと助けを呼ぶだろう[1]

135 男
saek di byiek fanj coi
ndaej gumz gyoi bae laq
cing mingz daengz bae naj
caemh cohg vaq lwg lan

芋に芽がでた
ひと穴の芋からひとかかえの芋が得られるだろうか(1)
清明節から来年まで
子供がかわいそうというものだ[1]

136 女
dam doz coenz gangj riu
caen ndaej siu bae naj
diq foiz set baez yax
yienz aiq gah gaem ngaemz

うそ話、笑い話
消えてしまう前に
さっとマッチをする
自分の頭を隠してる[1]

語釈（明朝体）および文の解釈（ゴシック体）	フォンの解釈（明朝体）および批評（ゴシック体）
（1）　自分で魯班（大工の神様）のように仕事ができると言いふらしても、大工の村では住む処も、水さえもらえない。相手にしてもらえないのだ。	［1］　少しばかりのフォンをもって、ここにやってきても、この家の主人は、白湯さえのませないよ。
（1）　一斤の柴で三斤の豚肉を買うことはできない。本当にそんなことができるのだったら、私も市で柴をうるよ。	［1］　あなたのうたうフォンは、全く価値がないものだ。それをうまいといいつのるなんて。
	［1］　私のフォンは、青大将のようなものである。ばかにしていたら、痛い目にあうよ。
（1）　発芽した芋を植えても、芋はそんなに多くは収穫できないよ。	
	［1］　あなたのフォンはもうそんなに多くはでないだろう。夜中以降は、だめみたいだね。
	［1］　自分のフォンがうまいとばかり言っていると、恥をかくよ。

現代壮文	日本語訳
137　男 gyaj comj ciem haeux go naz dam doz mbaeuj hoengq mbangj baeux goen haeux guenq caemh dungx hoengq ndwen sam	稲の間に苗を植えた 田に（収穫が）ないというのではないが 米櫃の米を食べたとしても 三ヵ月は腹ぺこにちがいない(1)[1]
女がうたわなかったので、上下〈137 と 138〉をつづけて、ひとつの歌とした。	
138　男 baez gonq gangj haemq maenh dox ciengj caenq foiz loz gyaj comj ciem haeux go naz dam doz mbaeuj hoengq	この前できるといっただろう 炉に火をともすのだと 稲の間に苗を植えた 田に（収穫が）ないというのではないが
doengh gyoengq lwg Maj sanh vaeq daeuq cang dwk yungj mbangj baeux goen haeux guenq caemh dungx hoengq ndwen sam	馬山の子は ハザを忙しく準備したのに(1)[1] 米櫃の米を食べたとしても 三ヵ月は腹ぺこにちがいない

語釈(明朝体) および文の解釈(ゴシック体)	フォンの解釈(明朝体) および批評(ゴシック体)
(1) 田植えの時に苗が少なければ、後で苗と苗の間に新しい苗をつぎ足して植える。しかしここでは、大きく育った稲の間に苗を植えている。育つわけがない。三ヵ月とは、古米が無くなって新米を収穫するまでの間を指す。	[1] 今晩、あなたがうたったフォンは、あっちこっちへいってよくなかった。あとしばらくすれば、失敗したことが明らかになるだろう。
(1) ハザを準備していたのに、稲ができなかった。	[1] こちらは闘いの準備は整えた。それでは討ってでよう。

現代壮文	日本語訳
139 女	
gaiq naex ij miz maz	どうってことはない
gaeu muengh ma haeb hanq	犬は七面鳥を咬みさえすればよい[1]
miz vah mwngz guenj gangj	話があるのならいいなさい
gaej sang dang caeuh baenz	(あなた自身が) 失敗しなければよいのだ
aiq naeuz cam mwngz yoj	あなたに尋ねてみよう
guh rawz rox ij caz	どのようにして調べるというのだ[2]
gaiq naex ij miz maz	どうってことはない
gaeu muengh ma hanq	犬は七面鳥を咬みさえすればよい
soiq soiz siengj mbaeuj doeng	四六時中考えても、わからない
aiq miz ngoenz sang dang	いつの日か失敗するだろう
miz vah mwngz guenj gangj	話があるのならいいなさい
gaej sang dang caeuh baenz	(あなた自身が) 失敗しなければよいのだ[3]
140 男	
daiq miz caiz lu gah	財産家なので
hunz vuenh yah bae buenz	妻を取り代え、親戚を訪ねることができる[1]
ndaej gaeuz fuk cung rieng	ようやく福をえることができた(1)[2]
gaeu hoi cieng daq git	わたしは大吉となるだろう
ndaej daiq daeuj daengz ranz	伴って家に帰る
riuj saeuj lamz gaq gaq	手にはみやげを携えて
daiq miz caiz lu gah	財産家なので
hunz vuenh yah bae buenz	妻を取り代え、親戚を訪ねることができる
cingq saed ndoi loq daez	ほんとうに喜ばしいことだ
baez naex ndaej ro riengz	あなたを相手にできて
ndaej gaeuz fuk cung rieng	ようやく福をえることができた
gaeu hoi cieng daq git	わたしは大吉となるだろう[3]

語釈(明朝体) および文の解釈(ゴシック体)	フォンの解釈(明朝体) および批評(ゴシック体)
	[1] もっと力いっぱいうたってくれてよい。自分自身で失敗しさえしなければ。
	[2] これは適当にうたっているだけだ。
(1) 妻を代えたら子供ができた。	[3] あなたにフォンがあるのなら、うたいなさい。あなたが自ら失敗しなければよいのだ。
	[1] これは相手方の歌い手が交代したのにちがいない。韋美栄から他の人に代わったのだろう。私はその時眠っていたので、知らないのだが。この比喩はよい。
	[2] 歌い手が代わったら、フォンがよくなった。
	[3] 新しい歌い手を得て、喜んでいる。

現代壮文	日本語訳
141 女 baeux gwih max mbaeuj saeuz baeux ndwn daeu hai hoiq co it daengz co ngoih yiem yiewgh naex siuj gya	人は馬で駆けることさえ恐れないのに あなたは戸口に立つことすら恐れている 正月の一日、二日でさえ この小さな家をばかにする [1]
yaeuq laeng raeuz boix nuengx dwg baeux cuengh Bin(j) caeu baeux gwih max mbaeuj saeuz baeux ndwn daeu hai hoiq	私たちはひとつ家の兄弟なのだ 賓州(陽)の壮族なのだ 人は馬で駆けることさえ恐れないのに あなたは戸口に立つことすら恐れている
hau lumj faenh gwz gaeu yienz mbaeuj yaeu mbaeuj hoiq co it daengz co ngoih yiem yiewgh naex siujgya	私はね、 恐れてもいないし、ばかにもしてない 正月の一日、二日でさえ この小さな家をばかにする [2]
142 男 bien daengz vuenh rag gyaj ndaej bae naj fungh nenz aeu bawx hunz mbaeuj yiem caet dem cieng gawq naengj	常に苗は替えるものだ (そうすれば)去年よりも豊作になるだろう (1)[1] 嫁取りを嫌うものはいない 七月(お盆)と新年にはご馳走があるだろう
cingq gya saed hoz gyaez sau daengz gaez Denh maj bien daengz vuenh rag gyaj ndaej bae naj fungh nenz	ほんとうにとてもすてきだ 天馬の市が開かれるところ(に住む)少女 常に苗は替えるものだ (そうすれば)去年よりも豊作になるだろう
daih caez rox guenj gyauq cingq siengj lauh maenz cienz aeu bawx hunz mbaeuj yiem caet dem cieng gawq naengj	皆で知っていることを、教え合おうではないか 金儲けたいをしたいのなら [2] 嫁取りを嫌うものはいない 七月(お盆)と新年にはご馳走があるだろう

語釈(明朝体)および文の解釈(ゴシック体)	フォンの解釈(明朝体)および批評(ゴシック体)
	[1] 私はうたうことをまったく恐れてはいない。あなたは恐がっているようだが。そのくせ、わたしのフォンを見下げている。 [2] 私たちは、みな歌い手なのだ。だれが悪い、どのフォンが悪いと言うべきではない。
(1) 同じ種類の稲を連作してはいけない。今年粳を植えたら、次は糯を植える。そうすると、たくさん収穫できる。	[1] ずっと同じ相手とフォンを掛け合うよりも、相手が代わった方が、よいフォンがうたえる。 [2] みなでよいフォンをうたっていきましょう。

| 現代壮文 | 日本語訳 |

143 女

lwg gaeuj yienz hab aeq 　　子供はもとより同意しているが
boh de naej loq yiem 　　　（彼女の）父が嫌っている
yienz gya mbaeuj daiq diemz 　これでは楽しくはないだろう
sawq guh cien gaeuj gonq 　　瓦（ぶきの家）でも建ててみたらどうだろう[1]

daih caez yaeuq aen gya 　　みんなひとつ家に住んでいる
mbaeuj miz maz soj vaeq 　　あれこれ言うこともないだろう[2]
lwg gaeuj yienz hab aeq 　　子供はもとより同意しているが
boh de naej loq yiem 　　　（彼女の）父が嫌っている

gaez gvaiq mbaeuj gaez gvaiq 　おかしいよ
dingj lingz caiq singj sien 　　良さそうなものだけ選びとるのは[3]
yienz gya mbaeuj daiq diemz 　これでは楽しくはないだろう
sawq guh cien gaeuj gonq 　　瓦（ぶきの家）でも建ててみたらどうだろう

144 男

suenq raeuz ndaej miz fuk 　　私たちは運がよいようだ
gaeu unq cug rin luenz 　　　藤で石を包んでいたところ
mbaeuj fuengz ndaej coeng rieng 思いがけず、できました
caez naj riengz yub yub 　　　皆の顔がきらきらと輝いている

ra raeuz raen rox ndui 　　　私たちはしっかりと見届けた
lau deuz mui roeb guk 　　　恐れて逃げ出した熊とやって来た虎を
suenq raeuz ndaej miz fuk 　　私たちは運がよいようだ
gaeu unq cug rin luenz 　　　藤で石を包んでいたところ

yaeuq dwk baenz neix geq 　　この歳になって始めて
yawj cwz meh ndonj suen 　　母牛の鋭さを目のあたりにした
mbaeuj fuengz ndaej coeng rieng 思いがけず、できました
caez naj riengz yub yub 　　　皆の顔がきらきらと輝いている[1]

語釈(明朝体) および文の解釈(ゴシック体)	フォンの解釈(明朝体) および批評(ゴシック体)
	[1]　私はあなたとフォンを掛け合ってもよいと思っている。でもあなた方の中には私のことを嫌っている人がいるようだ。そういうことなら、楽しくはやれないでしょう。どうですか。すこし様子を見てみましょう。 [2]　私たちはみんな歌い手。お互いに上手いとか下手などという必要もない。 [3]　私たちはよい歌い手とだけうたうなんてことはしないけれど、あなたたちは、そのように考えているのですね。 [1]　私たちは幸運だ。二番目の歌い手がこんなに上手くうたえるなんて。一人目が去ったと思ったら、より手強い相手が現われたようだ。さてどうなるかな。

現代壯文	日本語訳
145 女 laux banj daengz mwnq naex gaj duz gaeq gaej gaen daiq heuj cungj mbaeuj raen baengh mbaeuj aeng boemq bij	店屋の主人がここへ来るというので 数斤の鶏をほふった なんと歯さえ抜け落ちているではないか[1] 鶏の骨（骨付きもも肉）など喜ぶまい
hau dep mbanj dwk rawz cungj gaem fawz dwk daej laux banj daengz mwnq naex gaj duz gaeq gaej gaen	隣の村（の方）でしょうと[2] 手を握っては泣く 店屋の主人がここへ来るというので 数斤の鶏をほふった
maiz mbo yienz dox vek ciengz saez dep dox gaenh daiq heuj cungj mbaeuj raen baengh mbaeuj aeng boemq bij	もとより親戚づき合いをしてきたが いまさらに親しくなった なんと歯さえ抜け落ちているではないか[3] 鶏の骨（骨付きもも肉）など喜ぶまい
146 男 ging ij miz caij soq menh cimh soh demq bya duz haenj de cix ma cungj gah ra gah daeuj	運に恵まれているならば 真っ直ぐな針でも、魚を釣ることができる 彼が好きというならば、やって来るだろう 自分で選んでやって来る[1]
baez naex mbaeuj aiq yaeu dwg gwz raeuz caij soq ging ij miz caij soq menh cimh soh demqbya	頭を悩ます必要はない 私たちの運によるのだ 運に恵まれているならば 真っ直ぐな針でも、魚を釣ることができる
mbaeuj yungh cae haeuj laeg swh yienz daek haeuj ma duz haenj de cix ma cungj gah ra gah daeuj	鍬を深く入れなくとも 自然と実りを得るだろう[2] 彼が好きというならば、やって来るだろう 自分で選んでやって来る

語釈(明朝体) および文の解釈(ゴシック体)	フォンの解釈(明朝体) および批評(ゴシック体)
(1) 歯さえも無くしてしまったあなたをかわいそうに思う。	［1］ あなたはフォンを掛け合いにここへやって来た。私がうたいかけるフォンは、なかなか手強いだろう。あなたは失敗をしてしまった。どうして、喜んでなんかいられるものか。 ［2］ 失敗してしまったあなたをかわいそうに思う。 ［3］ 私とあなたはしばしばフォンの掛け合いをしてきた。今日、あなたは私に負けてしまった。そのことをかわいそうに思う。 ［1］ 私は強要しているのではない。あなたが来たいとおもえば来ればよいし、来たくないと思えば、来る必要はない。 ［2］ そんなに力こぶを入れてうたわなくとも、よいフォンはでてくるだろう。

現代壮文	日本語訳
147　女 miz lwg daeuz ij haq yoj gvaq menh gyau cin de gangj sim mbaeuj in ndaej miz cingz caemh roeb	長女が嫁にいく よく（相手方を）見てから、決めよう 娘は悲しくないという 情が通じてはじめてうまくいくのだ[1]
vi gya caiq mbaeuj miz bi dem bi hwnj gyaq miz lwg daeuz ij haq yoj gvaq menh gyau cin	家には何もない （嫁取りの、嫁入りの）費用は年々高くなる 長女が嫁にいく よく（相手方を）見てから、決めよう[2]
daeuj dox cunz rawz daez cungj mbaeuj ndaej doiq din de gangj sim mbaeuj in ndaej miz cingz caemh roeb	やって来たからには 実家に戻ることはできない 娘は悲しくないという 情が通じてはじめてうまくいくのだ[3]
148　男 maiz mingz hai lwg manh cimz rox byangj menh aeu ging yamq daengz bak daeu gaej yiem naeuz de iq	わたしは唐辛子を売る者だ 試して辛いとわかったうえで、買いなさい 店先で （唐辛子が）小さいからといって嫌う者はないだろう(1)[1]
ging daeuj daengz naex ndwn hauj lai hunz caeuj fangj maiz mingz hai lwg manh cimz rox byangj menh aeu	わたしが来たからには 多くの人が訪ねてくるだろう わたしは唐辛子を売る者だ 試して辛いとわかったうえで、買いなさい[2]

語釈(明朝体)および文の解釈(ゴシック体)　　フォンの解釈(明朝体)および批評(ゴシック体)

	[1]　フォンを掛け合うときには、相手のフォンがよいかよく聞いてから、始めるべきだ。両者がよいフォンをうたってはじめて、楽しむことができる。 [2]　「嫁入りの費用」の場合　私たちのフォンはそんなに多くはありません。あなたがたは（フォンの水準を）故意に引き上げているのではありませんか。 　「嫁取りの費用」の場合　あなたのフォンは多くはないだろう。私とフォンの掛け合いをするのは、難しいのではないでしょうか。 　後者の方がいいかもしれない。 [3]　「嫁入り費用」の場合　ここのフォンがたいへんよいので、帰りたくはない。 　「嫁取り費用」の場合　ここへやってきたが、あなたのフォンがよくないので、帰ろう思うが、そうすることもできない。 [1]　あなたは私とうたうときに、私のフォンがよいと思ったら、うたいかけなさい。 [2]　このフォンには脚の後半部（78）がない。
(1)　唐辛子には、辛いもの、辛くないものがあり、小さくても強烈に辛いものがある。	

現代壮文	日本語訳
149　女	
dang ndaej mingh de ndoi	彼はよい運を持っている
raeuz bienz ngoiz caemh dwg	これこそ私たちには好都合だ
yau naex raeuz dih lwg	この間子供たちは
caemh miz fuk gaen laeng	福の後について歩いていた[1]
gaej damz doz gaem ndoj	急いで隠れるなどと言わなくてもよい[2]
gaiq mbaeuj rox cix coi	どうしてもというならば、相談しよう
dang ndaej mingh de ndoi	彼はよい運を持っている
raeuz bienz ngoiz caemh dwg	これこそ私たちは好都合だ
hoi gingq siengj ndaej daengz	鏡を開いてわかりました
hag baenz baenz mbaeuj rox	学んでもできないことがあると[3]
yau naex raeuz dih lwg	この間子供たちは
caemh miz fuk gaen laeng	福の後について歩いていた
150　男	
gaeu aj bak dwk daengj	わたしは口を開けて待っている
mbangj baez faenj loeng ndaeng	時には、うどんが鼻からでることもある(1)
dangh naeuz ndaej cing saenz	もしも気持ちのこもったものなら[1]
gw saek gaemz yau niemh	一口食べれば、忘れられないはずだ
dangh naeuz loq ndae gwn	もしもおいしかったら
sim mbaeuj yungz cungj haenh	いい気分ではない一方で、うらやましくもある
gaeu aj bak dwk daengj	私は口を開けて待っている
mbangj baez faenj loeng ndaeng	時には、うどんが鼻からでることもある
dangh naeuz sim ndaej gueg	もしも（あなたが）そのようにするのなら
raeuz caemh ndwet gaen laeng	わたしたちも後に続こう
dangh naeuz ndaej cing saenz	もしも気持ちのこもったものなら
gw saek gaemz yau niemh	一口食べれば、忘れられないはずだ[2]

語釈(明朝体) および文の解釈(ゴシック体)	フォンの解釈(明朝体) および批評(ゴシック体)
	[1] 私たちの運はよい。明け方近くになって、よいフォンをえることができた。 　先刻まであなたのフォンはよくないと言い合っていたが、ここでお互いのフォンがよいというように、転換した。 [2] 言いたいことがあるのなら、いいなさい。うたいたいフォンがあるのなら、どんな類のものでもいいから、うたいなさい。 [3] この二句は韻も踏んでないし、意味もつながらない。
(1) うどんを食べるときには、時として、うどんが鼻から出ることがある。このようなことはめったにおこらないので、難しいことをやりとげたことをいう。	[1] 私は準備万端整えて、フォンをうたう。今あなたはよいフォンで、私とフォンを交わしている。 [2] 「もしも」の使いすぎだ。 　このフォンの中心的な意図は、相手方がよいフォンをうたうだろうかということ。

現代壮文	日本語訳
151 男 hoij lwg gaenq ra fangz meh aeu ndang dingj daiq byiek laiz lawz goij daih na hai dox cij baenz gaej naeuz naz mbaeuj dij hunz laz lij gaih vangh hoij lwg gaenq ra fangz meh aeu ndang dingj daiq	子供の目が見えなくなったので 母親がその代わりをつとめる 芋を何代も作りつづけると 畑を代えてはじめて豊作となる この田はよくないなどと言ってはいけない 開墾しなければならない人もいるのだ 子供の目が見えなくなったので 母親がその代わりをつとめる[1]
152 女 haiq naeuz ij lawh hunz saek yaep byawz rox rap naek doq daenz ij gwn donq baenz gaen daengj gvaq laeng gaenq laeuh mbaeuj dwg naeuz suenq gvai caemh ij rai haemz gaet haiq naeuz ij lawh hunz saek yaep byawz rox rap naek doq daenz cwng gi maz gij naex haex vaiz caeq hoz laem ij gwn donq baenz gaen daengj gvaq laeng gaenq laeuh	人と代わるのは、ほんの少し(間の)のことと思っていた だれが天秤棒を渡されたと知っていたろうか 一斤の米を食べたい(というと) のちほど(という) (わたしは)狡猾ではない (狡猾な者にたいしては)死ぬほど腹が立つ 人と代わるのは、ほんの少し(間の)のことと思っていた だれが天秤棒を渡されたと知っていたろうか[1] これをなんといったらいいのだろう うなじにかかる水牛の尿 一斤の米を食べたい(というと) のちほど(という)[2]

語釈(明朝体)および文の解釈(ゴシック体)　　　フォンの解釈(明朝体)および批評(ゴシック体)

［1］　このフォンには脚の後半部（7 8）がない。
　（先の歌い手が去った後）新しい歌い手がうたい継いだ。今（歌い手が）代わったので、きっとよりよくなるだろう。

［1］　欧小玲がうたっていたのに、あなたがたが私にうたうように言った。

［2］　相手方が彼女を笑っているといっている。

現代壮文	日本語訳
153 男 gwz gaeu byat dwngj daemz baeux miz saeng guenj caemj vengz dangz senq ndong soemj lauh saek don naih maz	私は溜め池の栓をぬく 既に網はある 酢であえてもいいな [1] 一食どうですか
dangh loek laeu ndaej haeuj riu dwk mbaeuj haen ndaeng gwz gaeu byat dwngj daemz baeux miz saengh guenj caemj	うまい具合に、魚が入った 笑いすぎて、鼻が見えない 私は溜め池の栓をぬく 既に網はある
cingq caij soq gwz raeuz mbaeuj lau naeuz gvaq hoengq vengz dangz senq ndong soemj lauh saek don naih maz	私たちの運をみてみよう 空言をいっているのではない 酢であえてもいいな [2] 一食どうですか
154 男　女うたわず、男続けて haej ywj raez luengq ndoeng ciengx vaiz doengz dwk imq gyoengq hek caez daeuj cimh suenq raeuz mingh ndaej ndoi	青草は豊かに林をとりまく 使役牛も餌を十分に与えられている [1] 多くの客は訪ねることができなかったのに 私たちの運はよいのだろう
ging daj baez naex hwnj bae ma cungj mbaeuj lumz haej ywj raez luengq ndoeng ciengx vaiz doengz dwk imq	ここで腰をあげよう 帰っても忘れはしない 青草は豊かに林をとりまく 使役牛も餌を十分に与えられている
gaiq naex cin hoj naeuz cingq faenh raeuz gauh ingq gyoengq hek caez daeuj cimh suenq raeuz mingh ndaej ndoi	どのように言えばいいのだろう ほんとうに楽しかった 多くの客は訪ねることができなかったのに 私たちの運はよいのだろう [2]

語釈(明朝体)および文の解釈(ゴシック体)	フォンの解釈(明朝体)および批評(ゴシック体)
（1） 刺身にしてもいいな。	［1］ 私とフォンをうたうとき、もっと大きくうたうことができませんか。 ［2］ もうすこしがんばって私とうたうのは、どうですか。 ［1］ 日紹の家は豊かだ。わたしたちも満足している。 ［2］ これ以降のフォンには比喩がない。

| 現代壮文 | 日本語訳 |

155 女

ngoenz lwenz raeuz daeuj naex　きのう私たちはやってきて
coj cix ndaej dox bungz　はじめて出会った
dang cuengq gaeq haeuj mbung　鶏を（米）籠に放した
duz duz gwn ai mbot　食べて食べて喉をふくらましている

156 男

Loeg vuengz guh ciet haeq　陸黄は祭気分にあふれている
Hiz cau caeq cung cingz　日紹は情が深く
gyau baengz yaeux gyau sim　友達と交わり心を通わす
siengj hwnq din cungj lang　腰をあげようと思うが去りがたい

raeuz daih caez doengz ban　私たちはみな同輩[1]
bae ma nanz ij gaeq　家に帰っても忘れはしない
Loeg vuengz guh ciet haeq　陸黄は祭気分にあふれている
Hiz cau caeq cung cingz　日紹は情が深く

saeq ngaex sij saeq siengj　思えば思うほど
cungj mbaeuj muengh hwnj din　腰をあげようとは思わない
gyau baengz yaeux gyau sim　友達と交わり心を通わす
siengj hwnq din cungj lang　腰をあげようと思うが去りがたい

語釈（明朝体）および文の解釈（ゴシック体）　　　フォンの解釈（明朝体）および批評（ゴシック体）

[1]　元の六句目は「昨日帰ろうとした（raeuz daih cae engz ban）」である。これはおかしい。ここはそううたうべきではないとして、将宏は「私たちはみな同輩」に書き換えた。

現代壮文	日本語訳
157　女 raeuz caez gya ma naej roeg baengh faex ingh yungz yawj ranz de daiq mwn cungj gaiq hunz saeq lengq	ここにいる私たちは 立派な木にとまる鳥だ[1] 彼の家はおおいに茂り 四方で比べるところがない[2]
liengq gaeuj cungj hoz haenz ij guh daengz mbaeuj ndaej raeuz caez gya ma naej roeg baengh faex ingh yungz	見ればうらやましく思うが このようにはできそうにもない ここにいる私たちは 立派な木にとまる鳥だ
yienz mbaeuj rox gangj vah doiq mbaeuj gvaq au lungz yawj ranz de daiq mwn cungj gaiq hunz saeq lengq	上手に話せなくて ごめんなさい、おじさん[3] 彼の家はおおいに茂り 四方で比べるところがない
158　男 go faex roiz naex mwn mbaeuj miz rumz goj raemh mbaeuj lwnh gyae caeuq gaenh cungj daeuj naengh rin bingz	ガジュマルの木はかく茂り 風はなくとも木陰をつくる 近い者も遠い者も やってきて石に座る
gwz gaeu daeuj bienq it cib cuk cib riu yum go faex roiz naex mwn mbaeuj miz rumz goj raemh	こんなのは、はじめてだ 満ち足りてほほえむのは ガジュマルの木はかく茂り 風はなくとも木陰をつくる
mbaeuj miz baeux lawz yiem hab sieng liengz yiet raemh mbaeuj lwnh gyae caeuq gaenh cungj daeuj naengh rin bingz	木を嫌う者はどこにもいない 木陰でおしゃべりができる 近い者も遠い者も やってきて石に座る

語釈(明朝体) および文の解釈(ゴシック体)	フォンの解釈(明朝体) および批評(ゴシック体)
(1) 私たちは日紹をたよっている。 (2) 彼の家は豊かで、他と比べようもない。 (3) 私たち、うまくフォンがうたえなくて、聴いてくれたみなさん、ごめんなさい。	

現代壮文	日本語訳

159 女

gaiq gaiq cungj rox gueg	さまざまなことをやりとげることができる
deng cik dieg daiq hoengz	このようなところはごく少ない
cik dieg naex hwnj hung	この地は大きくなる
ij danq gungz mbaeuj ndaej	貧しくはなれないのだ⁽¹⁾

gya naex dwg yungz vaz	この家は豊かだ
caez gya mbaeuj lau iek	だれも飢えを思うことがない
gaiq gaiq cungj rox gueg	さまざまなことをやりとげることができる
deng cik dieg daiq hoengz	このようなところはごく少ない

guh rawz daeuj cungj raen	このようなところは見たことがない
cingh dang naengh ndaeng lungz	まさに龍の鼻先にあたるのだろう
cik dieg naex hwnj hung	この地は大きくなる
ij danq gungz mbaeuj ndaej	貧しくはなれないのだ

160 男

vunz ndoi gya caemh ndoi	人もよければ家もよい
gya soiq soiz fat foq	家では四六時中、福の気がのぼっている
daengz soiz naex luj yoj	ここに来て、見てごらん
cang deng moh ndaeng lungz	墓が龍の鼻先に面している

hauj lai vunz daih baj	ほんとうに多くの人が
oi cingq gya caemh goiz	この家を不思議に思う⁽¹⁾
vunz ndoi gya caemh ndoi	人もよければ家もよい
gya soiq soiz fat foq	家では四六時中、福の気がのぼっている

caez gya yaenq laj mbwn	天の下の多くが
hauj lai vunz cungj rox	皆知っている
daengz soiz naex luj yoj	ここに来て、見てごらん
cang deng moh ndaeng lungz	墓が龍の鼻先に面している

語釈(明朝体) および文の解釈(ゴシック体)	フォンの解釈(明朝体) および批評(ゴシック体)
(1) 日紹はさまざまなことをやりとげることができる。けっして貧しくはならないだろう。	
(1) 全てのことに行き届いていることを、多くの人が不思議に思う。	

現代壮文	日本語訳

161 男

gyoengq hek daengz yak yak 多くの客が次々とやってきて
baeux baeux bak yaeuz dumz 皆の口は、油で濡れている
cuengq gwnz daiz dwk mwn 食卓の上には、肴が山のようにおかれ
mbangj mbaeuj gwn rawz yiengh 箸をつけていないかのようだ

gwn faeh gangj caeq diemz ご馳走はおいしく
naj caiq riengz rak rak 顔をきらきら輝かせている
gyoengq hek daengz yak yak 多くの客が次々とやってきて
baeux baeux bak yaeuz dumz 皆の口は、油で濡れている

caez gaej lumz loh gah 皆忘れないだろう
dang go gyaj fungz cun 苗が春を迎える(ことを忘れない)ように
cuengq gwnz daiz dwk mwn 食卓の上には、肴が山のようにおかれ
mbangj mbaeuj gwn rawz yiengh 箸をつけていないかのようだ

162 女

suenq raeuz cawj oiq noix 私たちは礼儀をわきまえていませんでしたが
loiq doengh boix saed cung cingz 兄さん達は暖かく接してくれました
Hiz cau caeq caen sim 日紹はほんとうに真心をもって
raeuz diuq din daeuj cimh 私たちは腰をあげることにしよう

gwz raeuz ij ma ranz 私たちは家に帰ろう
muengh gya dangz hwngq soiq 私たちの家を豊かに
suenq raeuz cawj oiq noix 私たちは礼儀をわきまえていませんでしたが
loiq doengh boix saed cung cingz 兄さん達は暖かく接してくれました

hawj lwg sau lwg mbauq 女の子も男の子も
coh rawz gauj hwnj ging 将来、試験に受かって上京できるように
Hiz cau caeq caen sim 日紹はほんとうに真心をもって
raeuz diuq din daeuj cimh わたしたちは腰をあげることにしよう

語釈（明朝体）および文の解釈（ゴシック体）	フォンの解釈（明朝体）および批評（ゴシック体）

現代壮文	日本語訳
163　男　　　　　　　　　　　　　 gwn raemx hunz niemh dieg raeuz gwn biek niemh mungz dieg naengh nem dieg ndwn caez gaej lumz boi nw bi naengz daengz ndwen sam raeuz cauq cangz gvaq ciet gwn raemx hunz niemh dieg raeuz gwn biek niemh mungz caez gya cungj vuen haej ndaej raemj faex roeb rumz dieg naengh nem dieg ndwn caez gaej lumz boi nw	水を飲むときには地を思う 芋を食べるときには蔓を思う 坐っているときも立っているときも けっして忘れない 毎年三月になると わたしたちは祭の日をむかえる 水を飲むときには地を思う 芋を食べるときには蔓を思う 皆が喜んでいる 木は風にそよいでいる 坐っているときも立っているときも けっして忘れない

語釈(明朝体) および文の解釈(ゴシック体)	フォンの解釈(明朝体) および批評(ゴシック体)

おわりに

　本書は 2000 年 10 月にアジア民族文化学会の研究会で発表した論考に、加筆修正を加えたものである。
　私がフィールドワークを始めた 1986 年には、まだ中国の少数民族を研究対象にした論考は多くなく、研究は手探りの状況だった。この 10 年間で状況は好転し、現在では中国の少数民族の文化研究を主なテーマに掲げる学会が設立されるまでになった。
　本書の骨子はフィールドワークから帰国して以降、現在に至るまでの十数年間に発表してきた論考にある。主な論考は以下のとおりである。

- 「うたい掛ける者とうたい掛けられる者―壮族の人生儀礼における歌の掛け合いとその規範」大阪大学文学会『待兼山論叢（日本学篇）』第 24 号　1990 年
- 「『歌墟』考―壮族のうた掛け祭に見られる諸規範について―」日本歌謡学会『日本歌謡研究』第 31 号　1991 年
- 「歌掛けの起源説話とその風土―中華人民共和国壮族の事例から―」『日本歌謡研究　現在と展望』和泉書院　1994 年
- 「歌謡研究における音、ことば、社会」『歌謡　雅と俗の世界』和泉書院　1998 年
- 「相互唱による短詩型定形詩の解釈のありかた」古代文学会『古代文学』第 38 号　1999 年
- 「私の歌修行記 1、2、3」歌謡研究会メールマガジン『うたつれづれ』2001 年

　私がこれまで研究を続けてこられたのは、多くの方々のご支援の賜物である。とりわけ調査地の皆さんには、ひとかたならぬお世話になった。なかでも将宏、韋仕花、龔艶平の三氏には恩義を感じている。調査に当たっては、歴代の広西民族学院の院長および外事辦公室、武鳴県外事辦公室の各位に労をとっていただいた。民族学院の先生方（農学冠、范宏貴、朱文雄、呉盛枝（以上広西民族学院）、韋星朗（中央民族大学））には、中国語の手ほどきから調査資料の整理にいたるまで、面倒をみていただいた。
　本書の基礎となった各論文の執筆にあたっては、小松和彦先生、竹村卓二先

生、江口一久先生にご指導をいただいた。本書の刊行にあたっては、工藤隆、岡部隆志、遠藤耕太郎の各氏にお世話になった。また編集にあたっては大修館書店の玉木輝一さんにご苦労をおかけした。お世話になった皆さんに感謝したい。

また本研究および本書出版にあたっては下記の機関の財政的援助を受けた。関係諸機関に感謝を申し上げたい。
平成4年度大阪国際交流センター（第2回）大阪アジアスカラシップ
平成7年度文部省科学研究助成奨励研究A（課題番号07710220）
2002年度京都学園大学学術出版助成

最後にこれまでの調査と研究を支えてくれた家族に感謝したいと思う。

2002年5月18日　　手塚恵子

図書のご案内
[日本文化・中国文化関連書]

小社発行の最新刊および売れ行き良好書籍のご紹介
Taishukan Best Selection

82

2002/2

大修館書店

〒101-8466　東京都千代田区神田錦町3-24　TEL　03-3294-2221(代)
▼書店にない場合やお急ぎの方は、直接ご注文ください。
TEL　03(5999)5434

■最新刊

漢字のいい話
new!
阿辻哲次 著
古代中国の甲骨文字から、現代のパソコンの印刷書体まで、阿辻教授の漢字談義は天を駆け、地を掘り、止まるところを知らない。気鋭の漢字学者による目からウロコのエッセイ集。
23218-1　■四六判・242頁　本体1,900円

発見！古代のお触れ書き ─石川県加茂遺跡出土加賀郡牓示札
平川南監修 (財)石川県埋蔵文化財センター
牓示札とは今でいう掲示板。早く起きろ・飲み過ぎるななど農民への8カ条が記される。平安前期の庶民生活・地方行政を再現し話題を呼んだ貴重資料を大判カラーで丁寧に解説。
29082-3　■A4判・カラー刷・48頁　本体1,400円

台湾先住民族の刺繡と織物 ─階層制からみたパイワン群族
住田イサミ 著
new!
かつて「流求国」を形成していた民族の末裔であるパイワン群族の驚嘆すべき造形的技術——彼らの歴史・習俗とともに、刺繡・織物・装身具など服飾全般を紹介。写真・図版多数
29083-1　■A5判・314頁　本体4,000円

近古史談 全注釈
new!
若林力 著
戦国・江戸初期の武将たちの逸話集、大槻磐渓著『近古史談』の注釈書。原文・書き下し文・通釈に、詳細な語釈と人物解説を付す。「山内一豊の妻」や「清正論語を読む」など多数収録。
23217-3　■A5判・416頁　本体5,700円

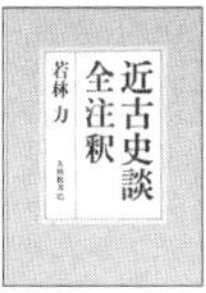

韓国百科 第二版
new!
秋月望、丹羽泉 編著
韓国を知るための一冊。政治・経済・文化などの基礎情報を紹介した第1部、一歩進んで韓国人の考え方・習慣を紹介した第2部、基礎データを集めた第3部の3部構成。
23219-X　■B6判・322頁　本体1,900円

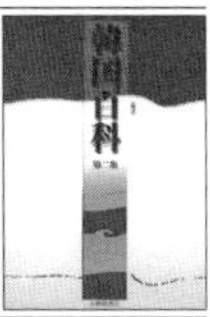

■漢文・中国古典

諸子百家の事典
江連隆 著

現代にも通ずる、国家、人間、戦争などのテーマのもとに競い合った、中国の諸子百家（儒家、道家、法家、兵家……）をわかりやすく解説。図版多数、索引充実、カラー口絵付き。

03210-7　　　　　■A5判・564頁　本体5,400円

論語と孔子の事典
江連隆 著

『論語』と孔子があわせてわかるように構成。読んで楽しい、読みものふう事典。『論語』の名言名句を、現代的な視点からやさしく解説。索引（章句・事項・人名・地名）を付す。

03208-5　　　　　■A5判・函入・508頁　本体5,200円

漢詩の事典
松浦友久 編
植木久行、宇野直人、松原朗 著

詩人の生涯、代表作、詩風などを解説した「詩人の詩と生涯」、〈詩跡〉を紹介する「名詩のふるさと」、用語・約束事を解説した「漢詩を読むポイント」などで構成。

03209-3　　　　　■A5判・944頁　本体7,600円

漢文名言辞典
鎌田正、米山寅太郎 著

漢文の珠玉の名言名句を、内容の上から精選し、分類・配列したアンソロジー。言葉の由来、転義などをわかりやすく解説。索引（総ルビつき）も充実。

03207-7　　　　　■A5判・函入・924頁　本体6,400円

漢詩名句辞典
鎌田正、米山寅太郎 著

中国の『詩経』から魯迅まで、日本の『懐風藻』から漱石までの漢詩の中から、珠玉の名句1,100余を選んだ一大アンソロジー。付録、索引も多数あり充実。

03203-4　　　　　■A5判・函入・866頁　本体5,800円

漢文基本語辞典
天野成之 著

「以」「為」「而」などの助字を中心に、漢文の訓読・読解に必要な基本語108語について、基礎的な語法の知識を辞典形式にまとめて解説。配列は五十音順（音訓・総画索引付）。

03211-5　　　　　■B6判・376頁　本体3,400円

漢文語法ハンドブック
江連隆 著

漢詩・漢文を読むために必須の句形244語を精選、14の形に分類して解説。名語には豊富な用例を掲げ（書下し・通釈付）、諸説も紹介した。

23135-5　　　　　■A5判・246頁　本体2,500円

社会人のための
漢詩漢文小百科
田部井文雄、菅野禮行、
江連隆、土屋泰男 編

故事成語や人名・書名・地名・文芸用語の他、図版やコラムなど、漢詩漢文の読解に不可欠な中国文化のエッセンスを満載した社会人の必備書。

23072-3　　　　　■A5判・224頁　本体1,000円

手塚恵子（てづか　けいこ）

1962年生まれ。立命館大学文学部中国文学専攻卒業。中国広西民族学院中文系研究生修了。大阪大学大学院文学研究科博士後期課程単位修得退学。大阪大学文学部助手を経て、現在、京都学園大学人間文化学部文化コミュニケーション学科専任講師（文化人類学担当）、国立民族学博物館共同研究員。専攻は文化人類学・民俗学。

【著書・論文】「武鳴県橋北村歌墟的文化圏」（『広西民族学院報』1988年）「うたい掛ける者とうたい掛けられる者—壮族の人生儀礼における歌の掛け合いとその規範」（『待兼山論叢』第24号日本学篇）「李超元氏のうたをよむ—壮族の即興歌に於ける韻律の構造」（『歌謡—研究と資料』第4号）「歌墟考—壮族のうた掛け祭に見られる諸規範について」（『日本歌謡研究』第31号）「歌掛けの起源説話とその風土」「研究史南島比較」（『日本歌謡研究　現在と展望』共著、和泉書院）「壮族の即興歌謡の創作と伝承の方法」（『第2回大阪・アジアスカラシップ活動報告書』）「死者儀礼における親族集団の役割—中華人民共和国壮族の事例より」（『比較日本文化研究』第4号）「心象と民俗」（『講座日本の民俗学』第4巻、雄山閣出版）「歌謡研究における音・ことば・社会」（『歌謡—雅と俗の世界』、和泉書院）「相互唱による短詩型定型詩のありかた」（『古代文学』38号）「広西壮族自治区の宗教的職能者とその周辺」（『東アジアにおけるシャーマニズム文化の構造と変容に関する文化人類学的研究』、駒沢大学）等多数。

中国広西壮族歌垣調査記録

©Keiko Tezuka 2002

初版第1刷━━━2002年7月1日

著者━━━━━手塚恵子
発行者━━━━鈴木一行
発行所━━━━株式会社大修館書店
　　　　　　〒101-8466　東京都千代田区神田錦町3-24
　　　　　　電話03-3295-6231（販売部）03-3294-2353（編集部）
　　　　　　振替00190-7-40504
　　　　　　［出版情報］http://www.taishukan.co.jp
装丁者━━━━井之上聖子
印刷所━━━━壮光舎印刷
製本所━━━━三水舎

ISBN4-469-29084-X　　　Printed in Japan

Ⓡ本書の全部または一部を無断で複写複製（コピー）することは、著作権法上での例外を除き禁じられています。

本書と同時発売！
本書の内容がライブ映像で確認できる別売ビデオ！

ビデオ編
中国広西壮族歌垣調査記録

(VHSステレオ・60分　税抜価格3,000円)

監　修　　手塚恵子
撮　影　　手塚恵子（撮影時期：1987年・1989年・1993年）
編　集　　京都学園大学マルチスタジオ　福本愛子
制作・発売　大修館書店

◎このビデオは本書『中国広西壮族歌垣調査記録』の映像編である。実際のフォンの掛け合いを中心とした本書収録の主要な場面が鑑賞できる。
◎ビデオ映像の各場面は本書の内容と関連づけてあるので、本書を参照した上で効果的に視聴できる。

主な収録映像

歌掛け祭とその風土　各地域の歌掛け祭の模様とフォンの掛け合いを収録
　　羅波街　橋北村　敬三村　馬頭街
　　　　　　　　　（本書「歌掛け祭とその風土」「掛け歌における振る舞い」参照）
春の歌　本書収録のテキスト「春の歌」のライブ映像を収録（本書「春の歌」参照）
定期市　各地域の定期市の様子と牛市の様子を収録（本書「壮族とその社会」参照）
死者儀礼と哀悼歌　死者儀礼とそれに伴うフォンの掛け合いを収録
　　　　　　　　　　　　　　　　　　　　　　　　（本書「フォン」参照）

大修館書店　(2002年7月現在)